Martin Bucer

Teologia pastoral

Martin Bucer

Teologia pastoral

Sobre o verdadeiro cuidado das almas

Traduzido por
MARTIN WEINGAERTNER

Copyright © 2020 por Vida Melhor Editora
Todos os direitos desta publicação são reservados por Vida Melhor Editora Ltda.

Os pontos de vista desta obra são de responsabilidade de seus autores e colaboradores diretos, não refletindo necessariamente a posição da Thomas Nelson Brasil, da *HarperCollins Christian Publishing* ou de sua equipe editorial.

Publisher	*Samuel Coto*
Editores	*André Lodos Tangerino e Bruna Gomes*
Produção editorial	*João Guilherme Anjos*
Preparação	*Dilmar Devantier*
Revisão	*Shirley Lima e Gisele Múfalo*
Diagramação	*Caio D'Art e Joede Bezerra*
Capa	*Jonatas Belan*

CIP-BRASIL. CATALOGAÇÃO NA FONTE
SINDICATO NACIONAL DOS EDITORES DE LIVROS, RJ

B982t

Bucer, Martin

1.ed. Teologia pastoral: sobre o verdadeiro cuidado das almas / Martin Bucer; tradução de Martin Weingaertner. – 1.ed. – Rio de Janeiro: Thomas Nelson Brasil, 2020.
256 p.; 13,5 x 20,8 cm.

Tradução do original *Von der waren Seelsorge*
ISBN 978-65-56890-12-8

1. Teologia. 2. Almas. 3. Pastoreio. 4. Pregação – fé. 5. Bíblia. I. Weingaertner, Martin. II. Título.

5-2020/61

CDD: 230
CDU 2-46

Índice para catálogo sistemático:
1. Teologia: pregação
2. Pastoreio: almas
3. Bíblia: fé

Aline Graziele Benitez – Bibliotecária – CRB-1/3129

Thomas Nelson Brasil é uma marca licenciada à Vida Melhor Editora Ltda.
Todos os direitos reservados à Vida Melhor Editora Ltda.
Rua da Quitanda, 86, sala 218 – Centro
Rio de Janeiro – RJ – CEP 20091-005
Tel.: (21) 3175-1030
www.thomasnelson.com.br

Aqui, o leitor encontrará o meio adequado, mediante o qual poderá ser libertado dessa terrível e perniciosa desunião e dilaceração da religião, retornando à unidade da igreja e à respectiva boa ordem cristã.
Conhecimento muito útil, não apenas para as congregações de Cristo, como também para seus pastores e líderes.

Estrasburgo, 1538

Sumário

Apresentação ■ 11

Prefácio à edição brasileira ■ 15

Introdução à edição brasileira ■ 21

Prefácio à edição de 1538 ■ 31

1. A comunhão dos cristãos ■ 41

2. O governo de Cristo em sua igreja ■ 47

3. Como nosso senhor Jesus ■ 55
   exerce seu pastoreio e opera
   a obra de nossa salvação em sua igreja
   através de servos legítimos

4. Como nosso Senhor Jesus tem e usa uma ■ 63
   diversidade de servos em sua igreja

5. Como e qual tipo de presbíteros ■ 77
   devem ser eleitos e instalados
   pelas comunidades para liderá-las

6. Quais são a obra e a tarefa dos nobres ▪ 103
na cura da alma e dos servos da igreja
no rebanho de Cristo como um todo e
em relação a cada indivíduo

7. Como buscar as ovelhas perdidas ▪ 109

8. Como as ovelhas desviadas devem ▪ 125
ser resgatadas

9. Como as ovelhas feridas e machucadas ▪ 131
devem ser tratadas e curadas

10. Como as ovelhas fracas devem ser ▪ 199
fortalecidas

11. Como as ovelhas saudáveis e fortes ▪ 207
devem ser guardadas e pastoreadas

12. Como as ovelhas dispersas devem ▪ 233
ser resgatadas

Resumo do livro ▪ 245

A todos os crentes de nosso Senhor Jesus Cristo, graça e paz de Deus, nosso pai celestial, e de nosso eterno salvador e cabeça, Jesus Cristo, por conhecer e amar adequadamente sua igreja e pela comunhão com ele.

Amém.

Apresentação

Traduzir e publicar um livro escrito em alemão antigo é uma tarefa tanto prazerosa como estimulante e desafiadora. Não se trata apenas das longas distâncias temporal e cultural. Trata-se do século 16, um período crucial para o que é considerado o nascimento da língua alemã tal como conhecemos hoje (sem mencionar eventuais diferenças geográficas, levando em conta que as fronteiras nacionais atuais da Europa são extremamente recentes).

Como é amplamente sabido, Lutero deu início à Reforma Protestante em 1517, evento que moldou o Ocidente, inclusive a Alemanha, em diversos aspectos, especialmente em sua língua. Isso porque se atribui a Lutero a responsabilidade por elaborar a língua que se desenvolveria a partir de então, por meio de seu trabalho de tradução da Bíblia para o vernáculo. Observa-se que, antes, só se tinha acesso ao texto bíblico nas línguas originais e em latim (é certo que Wycliffe já havia trabalhado na tradução da Bíblia para o inglês, mas ainda era algo incipiente e intensamente combatido pela igreja de Roma na época de Lutero).

O texto que ora publicamos, inédito em português, foi escrito em 1538, ou seja, é contemporâneo a textos tão fundacionais para a Reforma quanto os escritos pelo próprio Lutero e por Calvino. O prazer de publicar este material se deve ao fato de ser parte de um projeto bastante expressivo. Infelizmente, não é incomum leitores brasileiros se verem privados de acesso a obras de primeira relevância por falta de tradução para a língua portuguesa, e o fortalecimento da boa cultura teológica brasileira passa, necessariamente, pelo acesso a obras clássicas, sejam elas da época da Reforma, da Patrística, da tradição escolástica, dos puritanos ou de tantos outros movimentos e tradições importantes na história da igreja.

Embora ainda haja muito a ser feito em termos de tradução de obras clássicas e essenciais, cada passo que se dá deve ser comemorado. Nesse sentido, merece louvor este projeto realizado pela Thomas Nelson Brasil, pois é preciso ter coragem para encarar o desafio de publicar obras que, a despeito de sua importância, não necessariamente atendam às demandas mercadológicas de nossos dias. Aliás, esta publicação é lançada no meio de uma pandemia sem precedentes, com todos os seus desafios econômicos, sanitários e culturais.

Isso torna todo o trabalho envolvido nesta publicação extremamente estimulante, pois poderia ter sido feita uma escolha editorial mais simples, como, por exemplo, traduzir o texto do inglês e dispensar todos os desafios presentes na tradução de textos clássicos. Ocorre que a mentalidade de vanguarda da equipe editorial da Thomas Nelson Brasil, ao impor o desafio de traduzir textos cristãos clássicos diretamente de seus originais, exige de mim, um dos convidados a participar deste projeto, a obrigação de buscar soluções inovadoras; pensar em conteúdos relevantes e inéditos para compor essa linha editorial, debutada em grande estilo com Abraham Kuyper; articular participações especialmente direcionadas ao público brasileiro; dispor de profissionais competentes, que estejam à altura da importância do material publicado, entre tantos outros desafios.

E os desafios foram vários para esta publicação. Em primeiro lugar, era necessário encontrar profissionais que tivessem domínio da língua alemã, tanto moderna como antiga, e conhecimento do vocabulário teológico. Não medimos esforços no empreendimento de encontrar e contratar esses profissionais. A obra que o leitor tem em mãos é fruto de um trabalho meticuloso de tradução e preparação do texto original, aproximando a linguagem para torná-la, tanto quanto possível, compreensível, sem interferir indevidamente no estilo do autor, de modo que o leitor moderno apreenda o conteúdo ao mesmo tempo que percebe tratar-se de um texto temporalmente distante.

Por fim, convém esclarecer que vários textos bíblicos citados neste livro não correspondem a qualquer versão disponível em português, pois optamos pela máxima fidelidade ao original, ou seja, foi feita uma tradução direta do texto, tal como citado pelo autor. Além disso, considerando que o estudioso responsável por elaborar a Bíblia em versículos, da forma como conhecemos hoje, foi contemporâneo de Martin Bucer, nosso autor não faz tais divisões, de modo que utilizamos as divisões convencionalmente estabelecidas, encaixando-as na divisão desse reformador alemão.

O resultado individual deste livro já merece considerá-lo especial, mas encaixá-lo em um projeto abrangente de publicação de obras de referência para a boa teologia, a partir de seus originais, torna-o ainda mais relevante.

Boa leitura!

■ JOÃO GUILHERME ANJOS
Editor

Prefácio à edição brasileira

Nos últimos anos, um fenômeno bem interessante que tem acontecido em diversas localidades do mundo é o retorno a um momento histórico que marcou profundamente todas as dimensões da vida cristã. A Reforma Protestante, para os que a conhecem apenas pelas aulas de história do ensino fundamental, pode ser equivocadamente retratada como um mero "levante revolucionário" de pessoas que se revoltaram contra o poder institucional da Igreja Católica Romana. Subtrair o caráter piedoso e a busca sincera pela verdade evangélica de todos os envolvidos nesse movimento pode reduzir substancialmente a compreensão mais precisa do que significou aquele momento e de como seus valores nos alcançam hoje. Arrisco-me a dizer que a Reforma foi um movimento de renovação espiritual que, guardadas as devidas proporções, compara-se apenas ao que aconteceu a partir do dia de Pentecostes, como lemos no livro de Atos.

Nomes como os de Martinho Lutero e João Calvino destacam-se por suas extensas obras e larga influência nesse movimento, cujo legado nos impressiona de forma impactante. Muitos outros se somam a eles e foram igualmente fundamentais para a consolidação e a difusão da Reforma por toda a Europa.

A despeito de sua importância para a teologia reformada, Martin Bucer ainda é pouco conhecido e pouco estudado no Brasil, mas vale lembrar que ele foi um expoente entre os reformadores, sendo elogiado por Lutero e Calvino. Este último, inclusive, lhe reputa as seguintes palavras: "Por causa de sua profunda erudição, seu abundante conhecimento sobre uma ampla gama de assuntos, sua mente perspicaz, sua vasta leitura e muitas diferentes virtudes, ainda hoje ele permanece insuperável por qualquer pessoa. Pode ser comparado apenas a alguns e se destaca dentre a maioria". Além da elevadíssima capacidade intelectual, Bucer se destaca pela piedade e o interesse genuinamente pastoral pela vida comum da igreja. Os que têm mais proximidade com sua obra sabem que ele ficou conhecido como o "defensor do amor". Ele cria na justificação pela fé, mas tinha uma preocupação particular com a ação do Espírito Santo na vida de cada cristão. Bucer entendia que a nova vida do cristão regenerado precisa produzir frutos, ou seja, que as obras não justificam, mas são uma evidência da fé justificadora. A fé que justifica sempre vem acompanhada de boas obras. Sua preocupação com os cuidados da alma era tão intensa que ele introduziu presbíteros leigos na igreja, função designada exclusivamente aos que compunham o clero da Igreja Católica Romana. Bucer tinha um verdadeiro coração de pastor, objetivamente demonstrado pelo cuidado que dispensava às pessoas da comunidade. Seu desejo era de que, à medida que cada cristão fosse amadurecendo, fosse capaz de se sentir comissionado a cuidar de outros recém-chegados à fé. Nesta obra, você perceberá que ele convoca pastores e líderes a serem os "cuidadores da alma". Homens honrados que também têm o compromisso de cuidar de vidas. A maneira de aplicar seu modo de pensar à vida paroquial foi estimulando as pessoas a se reunirem em grupos familiares, algo absolutamente subversivo à época.

Foi Bucer quem implementou o conceito, amplamente aceito no meio reformado, de que a correta administração das disciplinas eclesiásticas, além do ensino correto das Escrituras e da correta administração dos sacramentos, são tarefas exclusivas e primordiais da igreja. Bucer deu um passo adiante, certamente influenciando Calvino a respeito da disciplina eclesiástica como um distintivo da verdadeira igreja.

O que temos em mãos é um belíssimo tratado eclesiológico sobre como a igreja precisa se preocupar com o cuidado das ovelhas por meio desse distintivo que é a disciplina eclesiástica, tema que tem sido relegado aos porões do esquecimento das discussões mais sérias dentro da igreja por um longo tempo. Basta olharmos para alguns fenômenos, como, por exemplo, a massiva migração de pessoas entre igrejas por motivos fúteis, os escândalos sexuais de líderes renomados, a elevação do número de divórcios entre cristãos, a sobreposição de poderes econômicos e interesses pessoais à fiel pregação do evangelho, comportamentos que tanto envergonharam o corpo de Cristo nas últimas décadas que facilmente percebemos uma evidente falha eclesiológica em todos os segmentos da igreja contemporânea. Creio que este livro chega em um momento bastante oportuno, em face do interesse crescente de diversas tradições cristãs pela teologia reformada. Sobretudo, porque há uma impressão errada de que o movimento dos reformadores foi exclusivamente intelectual, sem piedade alguma e desprovido das virtudes do Espírito Santo. A correta administração da disciplina eclesiástica é essencial e importante para a vida da igreja. A prova é que, quando a negligenciamos, a igreja sofre deformação; da mesma forma, se a usarmos indevidamente, de forma abusiva, a igreja também se descaracteriza como corpo, e sofrerá as penalidades dessa violência.

Espero sinceramente que, ao se debruçar sobre este trabalho, o leitor saiba que o contexto de Bucer era de denúncia, absolutamente pertinente e legítima, contra o papismo, que ainda existe, embora, por já haver sido amplamente discutido, atualmente apresenta um distanciamento doutrinário bem estabelecido. Uma leitura displicente pode deixar passar em branco a exata preocupação de Bucer, que é o "cuidado com as almas das ovelhinhas de Jesus", como ele se referia aos cristãos. O texto contém elementos apologéticos, mas é profundamente pastoral. Tópicos como a restrição de membros na participação da Ceia do Senhor, em casos de delitos graves, podem ser indigestos à primeira vista, mas absolutamente necessários, a meu ver, para a preservação da integridade da igreja.

Meu desejo é que este material seja um pontapé inicial e um despertamento da igreja para retornar às fontes desse assunto de fundamental importância para a saúde do corpo de Cristo. Faço uma recomendação especial aos pastores e líderes: que se atentem para as advertências de Bucer e sejam verdadeiros cuidadores de almas. Que todo esforço empregado no serviço do reino de Deus seja para elevar seu eterno e poderoso nome entre as nações, por meio da pregação do evangelho, da administração dos sacramentos e do cuidado das almas, por meio da disciplina eclesiástica. No melhor espírito pastoral de Martin Bucer, dou-lhe as boas-vindas a esta obra, deixando-lhe as palavras do próprio autor a respeito das cinco tarefas dos cuidadores de almas:

Primeira: conduzir a Cristo, nosso Senhor, e à sua comunidade, aqueles que ainda estão alienados dele, seja por causa de abusos carnais, seja por causa de idolatria. A segunda tarefa é reconduzir aqueles que uma vez já foram trazidos a Cristo e à sua igreja, mas que foram desviados por negócios mundanos ou doutrinas falsas. Em terceiro lugar, ajudar a reerguer aqueles que estão na igreja de Cristo, mas caíram e pecaram gravemente, a fim de serem verdadeiramente restaurados. Em quarto lugar, curar e fortalecer para o vero agir cristão aqueles que estão na comunidade sem faltas visíveis e grosseiras, mas que têm uma vivência cristã frágil e doentia. E, em quinto lugar, preservar de escândalos e apostasia, bem como encorajar para fazerem todo bem, aqueles que pertencem ao rebanho e ao aprisco de Cristo sem pecar visivelmente e que não são frágeis ou doentios na vivência cristã.

Que Deus pai abençoe sua igreja na pessoa de seu filho Jesus Cristo e que seu Espírito traga comunhão e unidade verdadeira a todos os eleitos em toda a face da terra!

Que cada pastor e líder que o Senhor convocar para cooperar com seu reino e conduzir seu rebanho seja um cuidador de almas!

■ AENDER BORBA

Pastor, teólogo e psicólogo clínico

Capelão do Seminário Martin Bucer em São José dos Campos-SP

Professor de de Teologia Prática e Antigo Testamento

Membro da Igreja da Trindade, em São José dos Campos-SP

Casado com Rozilene Molinari e pai da Natali.

Introdução à edição brasileira

Além de Wittenberg e Genebra, há algo mais que realmente tenha importância nas reformas do século 16? A literatura escolar – e uso o termo *escolar* porque boa parte do que temos em história da igreja ainda se resume a material escolar introdutório ao tema – não nos permite conhecer mais do que alguns poucos nomes desse período. Sem dúvida, conhecemos Lutero e Calvino. Lembramos que, entre esses dois, ainda há Zuínglio. Cá e lá, mencionam-se os assim chamados pré-reformadores Wycliffe e Hus. Quem se dedica um pouco mais ao assunto fica sabendo de Melâncton e Bullinger ou Beza. Mas tudo isso ainda gira em torno de dois grandes centros de produção e difusão das reformas: Wittenberg, no norte da atual Alemanha – sim, a atual Alemanha, pois, à época das reformas, o pequeno vilarejo se encontrava no eleitorado[1] da Saxônia e, embora a cidade fosse a sede do eleitorado, não

---
[1] Eleitorado era um principado no Sacro Império com direito eleitoral. Isso significava que o príncipe tinha o direito de ser candidato e de votar na eleição para imperador do Sacro Império.

passava de uma pequena vila –, e Genebra, cidade que já usufruía certa liberdade política e que, com a reforma, torna-se uma cidade-estado ao escolher a forma de república. Dessa forma, também não se pode falar de Genebra como uma cidade suíça, levando-se em conta que ela só passou a fazer parte da Confederação em 1813.

A impressão que se tem é que tudo girava em torno de uma reforma ao norte – a luterana – e outra ao sul – a calvinista. Isso, porém, é uma caricatura moderna desse período. É inegável a influência de Lutero e da reforma de Wittenberg em todo o movimento. A reforma ao sul também deve muito ao impulso de Wittenberg. Uma breve caminhada no pátio do prédio principal da antiga Universidade de Wittenberg nos fará lembrar que pessoas de todos os cantos da Europa foram lá em busca das novas ideias do ex-monge agostiniano. Mas, assim como Lutero fora uma fonte a jorrar águas frescas por toda a Europa, o humanismo representava forte influência por todos os lados. E não só Lutero se valeu dos esforços de Erasmo de Roterdã; também ao sul, Calvino e muitos outros eram versados nas obras do humanismo. Ou seja, se já havia um desejo iminente por reformas, esse desejo foi intensificado pelo humanismo bíblico de Erasmo. Essas duas forças intelectuais e espirituais modelaram, assim, o movimento das reformas do século 16. Porque ele foi multifacetado e qual a importância de Martin Bucer, é sobre o que pretendo discorrer a seguir.

O fato de falarmos em reformas – no plural – não diz respeito ao conjunto de iniciativas reformadoras, mas à diversidade de programas de reforma na Europa do século 16. Ao deslocar o poder da autoridade do magistério da igreja e, consequentemente, do papa para a autoridade das Escrituras, as igrejas locais viram-se empoderadas para, à luz da Palavra, promover mudanças teológicas e eclesiásticas. Não devemos entender o processo das reformas como se Lutero, em seu escritório, definisse, *ex cathedra*, o programa teológico de todas as igrejas. Muito embora suas ideias fossem bem recebidas por toda parte – e isso pode ser demonstrado por suas correspondências –, as decisões dos rumos das reformas dependiam mais dos cleros e dos nobres locais, de seus consistórios e conselhos municipais. Ou seja, a conjuntura política do Sacro Império foi decisiva para o processo de reformas.

Por essa razão, precisamos levar em consideração outros atores, como o autor deste livro que agora está em suas mãos. Martin Bucer[2] nasceu em Sélestat, na Alsácia, em 11 de novembro de 1491. Seu nome, assim como de seu homônimo de Wittenberg, deve-se ao santo do dia, são Martinho. Ao que tudo indica, o jovem Butzer (grafia original alemã de seu sobrenome, que foi latinizado como *Bucerus*, de onde vem a substituição de "tz" por "c") frequentou a escola latina de sua cidade, na qual recebeu influência humanista. Por essa mesma escola, passara, um século antes dele, seu conterrâneo, o inquisidor Heinrich Kramer, autor do *Malleus Maleficarum*, também conhecido, em língua portuguesa, como O *Martelo das Feiticeiras*.

Apesar de os pais se haverem mudado para Estrasburgo quando ele ainda era criança, Bucer permaneceu em sua cidade natal com os avós, possivelmente para completar a escola latina e, mais tarde, em 1506, também por influência do avô, entrar no mosteiro dominicano da cidade. Sua ida para o mosteiro não foi motivada pela fé, mas, como ele viria a registrar posteriormente, era uma questão de sobrevivência para o avô. Por outro lado, para o jovem Martin, era a oportunidade de se

---

[2] Os dados biográficos e as conexões teológicas e eclesiásticas de Bucer que cito neste texto foram extraídos de Robert Stupperich, Art. Bucer, Martin (1491-1551) *in* Horst Robert Balz, Stuart G. Hall, Richard Hentschke et all, *Theologische Realenzyklopädie*, v. 7. Berlim: Walter de Gruyter, 1981, p. 258-270.

dedicar a uma vida de estudos. Entre 1515 e 1516, ele foi ordenado padre em Mainz. Depois disso, em 1517, matriculou-se em Heidelberg, instituição na qual completou o *Magister Artium* e o *Baccalaureus Theologiae*. Nesse período, ele se dedicou ao estudo de Aristóteles, de Erasmo e da língua grega. Em 1518, ele teve contato pessoal com Martinho Lutero, durante a estada deste para o debate de Heidelberg. Desse momento em diante, Bucer dedicou-se a estudar os escritos de Lutero. Por isso, você encontrará, logo no início deste livro, menções a Bucer como pertencente ao grupo dos luteranos. É fato que, mais tarde, por volta de 1530, haveria intensa troca de correspondências entre Bucer, Melâncton e Lutero, por causa da controvérsia em torno da presença de Cristo na ceia. Bucer buscava uma fórmula de conciliação entre a posição de Lutero e a de Zuínglio.

Foi justamente esse tipo de atuação de Bucer que o tornou conhecido como o teólogo do amor. Além do programa de reforma em Estrasburgo, onde, a partir de 1523, passou a atuar, Bucer trocou intensa correspondência e realizou viagens com o intuito de promover a unidade e a conciliação entre as igrejas da reforma na região sul da atual Alemanha e na Suíça. É importante notar que, antes de Estrasburgo, ele atuou em várias cidades nas regiões do Palatinado e da Alsácia, incluindo uma posição de capelão do conde palatino, por meio da qual ele pôde viajar por toda a região sul, até Nuremberg. Além disso, essa posição lhe rendeu a possibilidade de negociação com o confessor do imperador Carlos V, o franciscano João Glappion, dias antes da Dieta de Worms. Bucer informou, pessoalmente, a Lutero o plano do imperador. Lutero, porém, compareceu a Worms, como bem sabemos.

Bucer foi um exímio organizador da igreja. Ele não apenas defendeu exegeticamente e com maestria as reformas, como também trabalhou teologicamente cada mudança litúrgica e organizacional em Estrasburgo. Por essa razão, seu conselho era muito requerido por aqueles que buscavam implantar um programa de reforma em suas igrejas ou cidades. Calvino encontrou refúgio na casa de Bucer após ter sido expulso de Genebra (1538-1541) e, ali, recebeu grande influência. Até mesmo por essa razão, seria historicamente incorreto afirmar que Bucer era calvinista, muito embora ele próprio reconhecesse a grandiosidade do pensamento de Calvino. O próprio Calvino recebeu sua influência, especialmente ao pôr em prática algumas sugestões que Bucer havia feito. Aliás, é importante notar que a organização eclesiástica e sociopolítica proposta nas *Institutas* de Calvino sofreu forte modificação a partir das contribuições de Bucer. Calvino, inclusive, adotou a ideia da união com Cristo proposta por Bucer como fundamento de sua eclesiologia. Em sua primeira edição das *Institutas*, Calvino ainda considera a igreja apenas como invisível. Suas forma e organização externas vão receber atenção com a influência recebida de Bucer.[3] Aliás, a proposta contida em *Teologia pastoral: sobre o verdadeiro cuidado das almas*, obra que, mais tarde, será ampliada como programa de reforma para a Inglaterra de Cranmer em *De regno Christi* [Sobre o reino de Cristo], é pedra fundamental para a eclesiologia reformada.

O texto que agora você tem em mãos pode parecer muito simples, porém sua grandeza teológica e histórica é ímpar. Bucer emprega uma metodologia muito simples no trabalho, uma vez que seu objetivo é instruir a igreja através das Escrituras, a respeito de quais seriam suas essência e tarefa

---

[3] Willem van 't Spijker, Bucer's influence on Calvin: church and community in D. F. Wright (ed.), *Martin Bucer: Reforming Church and Community*. Cambridge University Press, 1994, p. 32-44.

no mundo. Em primeiro lugar, preciso esclarecer a você algo muito particular sobre Martin Bucer. Em cada seção, há uma coletânea de textos bíblicos relacionados ao tema. Isso pode levar-nos a pensar em um uso sorrateiro do texto. As primeiras dogmáticas da reforma recorriam a textos-prova que, em última análise, em certas ocasiões, nada provavam, pois desrespeitavam o contexto e não passavam de meras tentativas de fundamentar opiniões próprias com o texto bíblico. Bucer não é um teólogo desse tipo – embora não esteja isento de erros que podem e devem ser questionados. Antes, sua exegese é profundamente influenciada pelo humanismo. Há interesse em buscar o sentido literal do original do texto em seu contexto, através de ferramentas filológicas, gramaticais, estilísticas e históricas. Para Bucer, a teologia é essencialmente exegese, e essa exegese tem como finalidade explicitar a doutrina da salvação por meio de Jesus Cristo.[4] Por isso, podemos, com segurança, afirmar que o primeiro teólogo da reforma a intentar uma soteriologia narrativa que levasse a sério a *ordo salutis* e, ao mesmo tempo, fosse exegeticamente embasada foi Martin Bucer. Suas duas preleções sobre Gálatas – a primeira ainda em Estrasburgo e a segunda em Cambridge, em 1550 – apontam para o fato de que a salvação por meio de Jesus Cristo nos leva a uma comunhão profunda com ele, uma comunhão profunda com os irmãos na fé e, então, à ação em amor ao próximo. Não por acaso, essa forma de pensar histórico-salvífica e narrativa vai confluir em *De regno Christi*, uma defesa de como o reinado de Cristo se faz presente na igreja e na sociedade.

É claro que todos esses temas da teologia madura de Bucer, apresentados em Cambridge, no final de sua vida, já estão presentes neste livro. Afinal, trata-se da primeira teologia pastoral

---

[4] Sobre a exegese de Bucer em Efésios, veja Amos, Scott N. *Bucer, Ephesians and Biblical Humanism. The Exegete as Theologian*. London: Springer, 2015.

de que se tem notícia.[5] Mas não somente uma teologia pastoral pensando em pastores! Esse é o grande diferencial dos reformadores. Sua teologia é feita pensando na edificação de cada cristão. Bucer não quer apenas instruir pastores a dirigir consistórios. Ele compreende que sua tarefa é demonstrar, neste livro, o que é ser parte da comunhão dos santos a partir da comunhão que temos com Cristo. E, a partir dessa comunhão em Cristo, como se desenvolve todo o ministério cristão, desde aqueles que foram chamados para o ensino e a direção da congregação até aqueles que foram chamados para realizar as tarefas relacionadas ao serviço em amor ao próximo. Todo o ministério se organiza a partir do próprio ministério de Cristo. O ministério não é nosso, nem da igreja; o ministério é de Cristo. Ele é o pastor e é ele quem alimenta e conduz o rebanho. Bucer deixa claro que toda ação da igreja é direcionada a partir do reinado de Cristo e conduzida por todos os cristãos, que estão em comunhão espiritual. Além disso, precisa ficar clara a teologia do Espírito Santo de Bucer. Cristo reina e dirige a igreja a partir do céu, pelo Espírito Santo. Como se dá essa ação do Espírito é o que Bucer define a partir da ação da igreja. Por meio da Palavra e dos sacramentos, o Espírito dirige a igreja em seu serviço. E, para esse fim, são utilizados servos que se encontram em comunhão com seu Senhor. A esses servos competem o ensino, a disciplina e o serviço em amor ao próximo.

Uma vez que as definições de igreja, ministério e serviço cristão estão claras, Bucer pode descrever quais são as qualificações bíblicas dos servos, e como eles devem ser eleitos e consagrados na igreja. Aqui, fica claro o cuidado de Bucer com

---

[5] N. F. Hahn, Art. Bucer, Martin (1491–1551) in Asquith, Glenn H. (ed.). *The concise dictionary of pastoral care and counseling*. Nashville: Abingdon Press, 2010; Rothen, Paul Bernhard. *Das Pfarramt: ein gefährdeter Pfeiler der europäischen Kultur*. Münster: Lit Verlag, 2009, p. 377.

a disciplina eclesiástica. O que ele apontará como requerido pelas Escrituras a todos os cristãos vale fundamentalmente para os servos eleitos. Em seguida, Bucer se preocupa com as tarefas do ministério cristão, como, por exemplo, a busca pelos perdidos. Ele enfatiza que devemos ir a todos os lugares do mundo para anunciar o evangelho. O vocabulário do reformador é sempre muito vívido. A evangelização não tem finalidade numérica. Bucer não aborda fórmulas de crescimento da igreja nem de avanço missionário. Sua missiologia é coerente com sua teologia pastoral. O intento do anúncio do evangelho é trazer os eleitos para o aprisco e deixar que Jesus os pastoreie! Se Cristo pastoreia a igreja, nada mais correto que evangelizarmos com o propósito de buscar as ovelhas perdidas, as quais precisam ser tratadas e cuidadas pelo bom pastor. Bucer também compreende que o papel da autoridade civil em relação à igreja é impedir falsas doutrinas e manter uma vida digna da vocação evangélica. Para ele, se o reino de Cristo se faz presente na igreja, também se faz presente no mundo. Por essa razão, o tema do governo cristão se faz presente em sua obra. As instruções aos governantes cristãos, porém, dizem respeito a como eles devem governar, em busca do bem comum da população. E é nesse ponto que a igreja é entendida como promotora do bem comum. Por isso, o governante deve apoiá-la na consecução de sua obra.

É muito interessante a forma como Bucer se preocupa com cada detalhe do ministério cristão: como evangelizar, como buscar as pessoas fracas na fé e como tratar aqueles que estão fortes, para que não caiam.

Que a leitura desta obra possa servir à igreja brasileira como programa de cuidado! Destaco aqui alguns elementos desse programa aos quais deveríamos dispensar especial atenção a partir da contribuição de Bucer: (1) compromisso com uma exegese bíblica séria, academicamente bem fundamentada e orientada numa perspectiva histórico-salvífica e narrativa; (2) uma teologia pastoral que considere o ministério de Jesus Cristo o fundamento último e não se rebaixe à mera cópia de modelos tecnocráticos; (3) uma doutrina do Espírito Santo que ressalte o fato de que Deus, pelo Espírito Santo, empodera a igreja com Palavra e sacramento para o ministério; (4) o sacerdócio universal como ponto de partida e finalidade do ministério ordenado; (5) missiologia e diaconia que ressaltem a obra de Cristo, e não nossos valores mercadológicos e ideológicos; (6) uma relação entre igreja e Estado baseada em apoio mútuo e crítica, com vistas ao bem comum, lembrando que Cristo reina sobre todas as esferas da realidade.

■ ALEXANDER STALHOEFER

Pastor luterano

Bacharel em Teologia pela FLT, em São Bento do Sul-SC

Doutorando em Teologia Sistemática pela Universidade Friedrich-Alexander de Erlangen-Nurembergue, Alemanha

Casado com Luciane e pai de Ana, Isaac e Samuel

Prefácio à edição de 1538

Todos nós confessamos que cremos numa igreja cristã, ou seja, na comunhão dos santos. Portanto, cremos que somos igreja e que carecemos dela e da comunhão segundo a qual a fé que confessamos em Deus Pai, Filho e Espírito Santo é real e viva. Mas o que vêm a ser essa igreja e essa comunhão? Em que medida são verdadeiras? Como devem ser dirigidas e organizadas? Todas essas coisas são conhecidas por pouquíssimas pessoas e, mesmo assim, sem profundidade. Por isso, é legítimo que todo aquele que reflete com seriedade sobre essa deficiência se compadeça profundamente dela.

Os que ainda praticam a tirania e o abuso papista, e procuram defendê-los, acusam a nós – a quem chamam de luteranos – de nos havermos separado da igreja e da comunhão de Cristo, aniquilando sua hierarquia e organização, destruindo a disciplina e a obediência dos crentes. No entanto, se avaliarmos o assunto de acordo com a verdade, concluiremos que foram eles que não apenas dividiram e perturbaram a igreja de Cristo e toda verdadeira comunhão dos santos em Cristo, como também impediram e apagaram totalmente todo conhecimento acerca da igreja e da comunhão dos crentes em Cristo.

As pessoas são induzidas por eles a pensar que, se forem batizadas e comparecerem às cerimônias regulares que os clérigos mencionados lhes propõem, então elas já fazem parte da igreja e da comunhão cristã, mesmo sem jamais haverem conhecido verdadeiramente a Cristo, nosso Senhor, e praticando publicamente injustiças. Essas pessoas se consolam em Deus sem se basear em Cristo, mas fundamentam-se nas cerimônias dos clérigos, em suas próprias obras e nos méritos dos santos falecidos. Dessa maneira, não conseguem depositar sua confiança em Cristo, o Senhor, porque, durante toda a sua vida, privaram-se dele, desprezando-o teimosamente, a ele e sua santa Palavra.

Partindo de todo ensino papista, ninguém pode concluir que, se quisermos ser cristãos, devemos ter um coração e uma alma em Cristo, e ser nele um corpo unido em todos os seus membros. Também não se consegue deduzir daí que uma pessoa possa ser membro do Senhor e de sua igreja, e, ao mesmo tempo, membro do mundo e permanecer comprometida com ele. Onde encontramos os servos imaculados do Senhor, que ofereçam às ovelhas de Cristo nada além da voz e da Palavra do Senhor; que se dedicam a procurar todas as suas ovelhas perdidas e acolher as desviadas; a curar as feridas; a fortalecer as moribundas e preservar e pastorear bem as saudáveis? Onde se encontram servos que também excluam da comunhão de Cristo todos aqueles que não querem dar ouvidos à Palavra do Senhor para corrigir sua vida? Quem tem menos noção da ética do evangelho, de toda disciplina na igreja, da penitência do pecado e de toda disciplina cristã? Quem contraria isso mais cruelmente em sua vida e ação do que o papa, os cardeais, os bispos e todo aquele séquito que nos difama e afirma que nós apostatamos da igreja, rompendo com sua disciplina e ordem?

A eles, devemos o fato de tão pouca gente saber e reconhecer que tipo de comunidade a igreja cristã deve ser; que ordenamento e organização deve ter; como Cristo, nosso próprio rei e senhor, nos governa e salva em seu reino. Disso, resulta que a obediência ao evangelho e a disciplina da igreja ainda não sejam conhecidas e apreciadas até mesmo entre aqueles que querem ser considerados cristãos, que reconhecem e querem fugir dos abusos papistas e submeter-se ao jugo de Cristo.

No início do evangelho, no tempo dos amados apóstolos, assim como sempre que a verdade de Cristo irrompeu poderosamente – portanto, também desde que o Senhor fez brilhar a luz de seu santo evangelho entre nós –, satanás despertou muitas seitas e pequenos grupos. Pelo fato de cada pequeno grupo pretender ser igreja, todos eles roubaram a verdadeira comunhão cristã de muitos corações ingênuos ou, no mínimo, impediram de muitas maneiras que se integrassem totalmente à comunidade de Cristo. Dessa maneira, esses bandos carnais, em nome da liberdade cristã, almejam nada além de atrevimento espiritual. Não toleram a correção e a disciplina cristã, nem se acanham de rejeitar o jugo de Cristo. E, quando podem e querem, impedem toda ordem na igreja.

Não foi pelo ensino luterano – de confiar totalmente em Cristo e dispor-se igualmente a obedecer em tudo à sua palavra –, mas, sim, por meio dessas ferramentas do anticristo que se chegou a ponto de, também entre os que não querem ser falsos cristãos, tão poucos desejarem conhecer e promover verdadeiramente a disciplina comunitária e a ordem da igreja.

Na medida de nossa fé, queremos prestar nosso serviço nessa tão deplorável dispersão e esclarecer todos os filhos piedosos de Deus, que oram de coração pelo futuro do reino de Cristo, a fim de que reconheçam bem o que é a igreja de Cristo e que tipo de liderança e disciplina ela precisa ter. Que reconheçam quem são seus servos verdadeiros e como eles devem exercer seu ministério no aconselhamento e no pastoreio, para a verdadeira salvação das ovelhinhas de Cristo! Para nos tornarmos, enfim, uma igreja de Deus verdadeira e disciplinada, e sermos o Corpo de Cristo. Seremos isso ou, então, seremos rejeitados eternamente por Cristo, o Senhor de seu reino.

Assim, propomo-nos a escrever sobre todas essas coisas neste livro, inserindo algumas citações da Escritura divina, explicando-as, na medida em que o Senhor nos concedeu sua graça. Delas, cada cristão pode concluir o que vem a ser a comunhão da igreja de Cristo; como somente Cristo, o Senhor, reina; de que serviços ele necessita para isso, quais são suas características e como devem ser exercidos para que preservem e aperfeiçoem todos aqueles que são conduzidos à igreja de Cristo.

Colocamos as citações da Escritura sempre no início, a fim de que o leitor cristão, antes de mais nada, possa ver e avaliar o fundamento da Escritura, acolhendo-o em seu coração. Isso porque não são poucos que, assim que se mencionam a ordem e a disciplina eclesiásticas, logo julgam que estamos de novo introduzindo confabulações e regras humanas. Mas em lugar algum pretendemos introduzir algo que não seja a doutrina revelada e certa, bem como a ordem expressa e inquestionável de nosso Senhor Jesus Cristo.

A unidade da igreja não consiste em cerimônias iguais, mas em ensino igual, fé e uso reto dos sacramentos.

Se isso for bem acolhido; se nós, que pretendemos ser uma comunidade cristã – não importa sermos chamados de luteranos –, nos esquivarmos das autoridades eclesiásticas, se pusermos em prática os verdadeiros exercícios de penitência ao orar e jejuar, evitaremos todo o restante. Sejam quais forem as práticas e os costumes exteriores daqueles que invocam verdadeiramente nosso amado Senhor Jesus Cristo, nós queremos amá-los e considerá-los nossos membros em Cristo, o Senhor. Da mesma forma, eles também nos considerarão, independentemente de termos cerimônias e práticas eclesiásticas iguais. Pois não é em cerimônias e costumes exteriores, mas na fé verdadeira, na obediência ao evangelho puro, no uso correto dos sacramentos, como o Senhor nos ordenou, que consiste a comunhão das igrejas cristãs. Quanto a tudo mais, cada igreja estabelece como considera isso mais adequado aos seus membros. Os pais da igreja sempre entenderam e praticaram dessa forma.

Portanto, não queremos desligar-nos de nenhuma autoridade eclesiástica. Mas, na igreja, não há outra autoridade nem poder, a não ser para seu aperfeiçoamento.

Com gosto, ouviremos os servos de Cristo, não importando quem sejam ou como se chamem. Porém, se pretendemos ser ovelhas de Cristo, devemos fugir daqueles que se aproximam com voz estranha. Devemos considerar anátemas aqueles que nos anunciam outro evangelho, mesmo que tenham a aparência de anjos do céu. Não devemos associar-nos com os que pretendem ser membros da igreja mas são ímpios, roubam a igreja e, em toda a sua vida, lambuzaram-se com os vícios mais terríveis. Desses, devemos separar-nos totalmente. E isso é ainda mais grave quando eles se arrogam mais poder na igreja, como o papa, os cardeais e os bispos fazem. Isso nos é ordenado não apenas nas Sagradas Escrituras, como também por todos os concílios antigos. E, se não nos separássemos de tais superiores eclesiásticos falsos e ímpios, elegendo servos verdadeiros e fiéis, teríamos abandonado o temor a Deus; teríamos infringido o mandamento de Deus; e nos teríamos contaminado com a descrença dos falsos servos. Foi assim que entendeu e escreveu, em sua carta, com grande seriedade o santo mártir e bispo Cipriano. Concordam com ele todos os santos padres, tanto nas sentenças dos concílios como, especialmente, em seus escritos. Por isso, ninguém nos acuse de rebelião e abandono da igreja de Cristo e da obediência a ele.

Da mesma forma, nada omitimos a fim de que também a penitência, a disciplina e todos os demais exercícios espirituais na oração, no jejum e em todas as outras situações voltem ao seu uso agradável a Deus. Que não haja mais impedimento algum, pois as pessoas foram induzidas pelos sedutores papistas a desconhecer a forma correta de orar e jejuar, bem como de fazer todos os exercícios de penitência de coração. Por isso, é-lhes inaudito e desprezível ouvir a esse respeito. Assim, o pobre traidor Witzel[1] e seus semelhantes devem atribuir esse descaso não a nós, mas aos papas, bispos e seus pastores. Pois nós ensinamos, de sã consciência, a verdadeira fé viva em Cristo. Somente ele merece todo verdadeiro arrependimento e a mortificação da carne. Assim também admoestamos sem cessar, a fim de que se produzam os frutos da fé. Mas seus papas, bispos e pastores, que defendem suas práticas como católicas,[2] nada sabem, nem da fé em Cristo,

---

[1] Georg Witzel (1501–1573). De acordo com a *Enciclopédia Católica*, Witzel foi um teólogo católico, ordenado sacerdote em 1520. Em 1524, converteu-se ao luteranismo e se casou. No ano seguinte, foi indicado ao pastorado de Wenigenlupnitz e, logo depois, ao de Niemeck, pelo próprio Lutero. Após, entendeu que a igreja de Lutero não era verdadeira e que a moral luterana não contribuía para o aperfeiçoamento do povo. Em 1527, ele escreveu dois trabalhos expressando suas discordâncias e os enviou a Wittenberg, mas não obteve resposta. Em 1531, ele retornou ao catolicismo romano e ao sacerdócio. Como profícuo teólogo católico desse período, pelo menos 94 obras são consideradas de sua autoria. [N. E.].

[2] Ou universais. [N. T.]

nem dos verdadeiros frutos da fé. Além disso, não só ensinam e vivem em oposição extrema a toda fé e a toda penitência, como também, lamentavelmente, ficam expostos de forma excessivamente vergonhosa à plena luz do dia.

> Penitência, disciplina e exercícios cristãos foram descartados e apagados pelos papistas.

Igualmente, todos os cristãos piedosos poderão ver neste livro quão falsamente nos acusam os mestres perversos, dizendo que ensinamos uma fé sem frutos e sem obras. Além disso, que, entre nós, não há comunhão verdadeira, discernimento do corpo de Cristo ou disciplina cristã. Como, porém, os frutos da fé e a disciplina cristã em toda multidão que nos ouve ainda parecem precários, isso os induz a suspeitar de nosso ensino, ainda que seja fiel e dedicado. Lemos, nos evangelhos e nos escritos de Paulo, bem como aprendemos com todos os santos padres antigos, que os cristãos dedicados nunca formaram um grupo grande, mesmo quando o próprio Senhor, seus santos apóstolos e os mártires mais fiéis pregavam a eles.

> Os perversos debocham da sã doutrina, consideradas por eles ervas daninhas, as quais, em verdade, eles plantam e semeiam com seu pai, o diabo.

Mas, graças a Deus, encontramos sempre muitos cristãos fiéis que, de coração, se entregaram à confiança verdadeira em Cristo e à obediência ao evangelho mediante o ensino que Cristo nos concedeu ministrar. As deficiências ainda presentes são causadas, em verdade, pelo diabo, pela perversão de nossa carne, pela destruição papal e pela difamação venenosa da doutrina verdadeira. Também são causadas pelo abandono da comunhão cristã, promovido, ininterruptamente, pelos mestres rebeldes e por seus discípulos, mas jamais pela santa e bendita doutrina que Cristo nos comunicou. Aliás, é verdade, igualmente, que a doutrina dos rebeldes – que pretende orientar-se pela vida dos discípulos – resulta em desastre. Diariamente, sofremos muitas agressões brutais dos mestres rebeldes, com seus poucos discípulos, que nos oferecem espinhos como se fossem figos e uvas. Os verdadeiros frutos do Espírito, porém, são temor, amor, paz, paciência, cordialidade, bondade, fé, mansidão e domínio próprio. Não os têm aqueles que se separam da comunhão com quem busca o Senhor de forma sincera; aqueles que os desprezam e evitam; aqueles que pensam mal deles, dando crédito e difundindo todo tipo de inverdades a seu respeito. Também carece dos frutos do Espírito quem agrada a si mesmo, tem inveja, odeia, busca o proveito próprio e, além disso, muitas vezes, apesar de toda aparência e da fama de superioridade espiritual, cai em imoralidade deplorável, como sucede diariamente com os pobres santarrões, que chegam a cheirar mal. Por isso, jamais queremos deduzir a doutrina da vida de alguém que se orgulha desse tipo de ensino, mas queremos e devemos defender toda doutrina que provém somente da Palavra do Senhor, a única que jamais falha.

    Sustentados por sua graça, neste livro fazemos a exposição a partir da palavra eterna do Senhor, não apenas segundo a letra – que também é de Deus –, mas, igualmente, segundo o verdadeiro Espírito e a força do coração. Não por confabulações humanas, mas tão somente pela Palavra é que detalhamos a natureza, a característica, o direito, o ordenamento e a liderança da igreja cristã. Fazemos isso para que todo coração cristão piedoso possa ver que não pretendemos outra coisa que não seja a verdadeira promoção do reino de nosso Senhor Jesus e seu legítimo e verdadeiro fruto. Com tudo isso, mesmo que minimamente, de modo algum queremos machucar ou ofender alguém que age e vive em Cristo, em qualquer lugar. Quando dizemos "em Cristo", referimo-nos ao nosso amado Senhor, em relação a quem devemos considerar tudo o mais secundário. Seu colo amplo e espaçoso tem lugar e acolhe qualquer um amigavelmente. Que somente Cristo, que nos comprou por tão alto preço, permaneça como nosso Senhor e Salvador, e nós, em seu reino e corpo.

Que ele nos conceda, finalmente, perceber, de fato, que somente nele temos todo bem e que, sem ele, apenas teremos a morte eterna. Assim, não hesitaremos em facilmente abdicar de todas as coisas e entregar-nos totalmente à sua palavra e ao seu Espírito. Dessa maneira, somos presenteados nele com coração e alma unidos e, por sua disciplina e sua comunidade, somos libertados cada vez mais da antiga natureza e sempre mais fortalecidos na nova vida. Para sua honra e para o crescimento de seu santo reino, tornamo-nos, assim, seus membros vivos e aptos, seu corpo sagrado e santo. Amém.

■ MARTIN BUCER

Um servo do santo evangelho nas igrejas em Estrasburgo

1. A **comunhão** dos cristãos

O que vem a ser a igreja

A igreja de Cristo é a reunião e a comunidade daqueles que são reunidos e integrados em Cristo, nosso Senhor, por seu Espírito e por sua palavra, num só corpo. Assim, tornam-se membros uns dos outros, cada qual com sua função e com sua tarefa, com vistas ao aperfeiçoamento mútuo de todo o corpo e de seus membros.

Isso aprendemos nas passagens que se seguem:

Efésios 4.1-6
Assim, eu, Paulo, prisioneiro no Senhor, admoesto-vos para que andeis de maneira digna de sua vocação, para a qual fostes chamados. Sede totalmente humildes, dóceis, pacientes e suportai uns aos outros com amor. Esforçai-vos para conservar a unidade no Espírito pelo vínculo da paz. Há um só corpo e um só Espírito, assim como fostes chamados para uma só esperança de vossa vocação. Há um Senhor, uma fé, um batismo, um Deus e Pai de todos, que é sobre todos, por meio de todos e em todos.

> Os cristãos negam a si mesmos, têm um Deus, um Cristo, um Espírito, um batismo e uma esperança. São um corpo que liga um ao outro em amor supremo.

1Coríntios 12.12-13

Assim como é um corpo, embora tenha muitos membros, todos os membros, no entanto, pertencem a um corpo. Mesmo sendo muitos, formam um só corpo. Assim também é Cristo. Pois, em um Espírito, fomos batizados todos para formar um só corpo, quer sejamos judeus, quer sejamos gregos, quer escravos, quer livres. A todos foi dado beber de um Espírito.

Romanos 12.4-6a

Assim como cada um de nós tem muitos membros no corpo, mas esses membros não exercem, todos, a mesma função, assim também, sendo muitos, nós formamos um corpo em Cristo. Da mesma forma, cada membro está conectado a outros. Temos uma diversidade de dons, segundo a graça que nos foi dada.

1Coríntios 12.18-27

Mas, agora, Deus estabeleceu cada membro em seu lugar específico no corpo, segundo sua vontade. Se, porém, todos os membros fossem um só membro, onde estaria o corpo? No entanto, há muitos membros, mas o corpo é um só. O olho não pode dizer à mão: "Não preciso de ti!". Ou, então, a cabeça, aos pés: "Não preciso de ti!". Mas, ao contrário, os membros do corpo que nos parecem mais fracos são indispensáveis. Aos membros que pensamos ser menos honrosos, atribuímos especial honra. E enfeitamos mais os membros que nos parecem indecorosos, enquanto os que em nós são decorosos não precisam de nada. Mas Deus moldou o corpo, dando ao membro mais carente a maior honra, a fim de não haver divisão no corpo, mas, sim, para que os membros cuidem igualmente uns dos outros. Então, quando um membro sofre, todos os membros sofrem com ele; quando um membro é exaltado, todos os outros se alegram com ele. Ora, vós sois o corpo de Cristo, e cada um é membro do outro.

> Deus incumbe cada cristão da sua função e tarefa específicas. Elas são diversificadas, sendo que os que parecem mais insignificantes nas igrejas são os mais necessários no corpo de Cristo. Também deve-se tratar os mais fracos com esmero. Todos os membros devem zelar uns pelos outros, partilhando e suportando alegria e sofrimento.

Efésios 4.15-16
Antes, sejamos autênticos no amor; cresçamos em tudo naquele que é o cabeça, Cristo. Nele, todo o corpo é unido, conectando um membro ao outro mediante todas as juntas. Por meio delas, um membro ajuda o outro, na medida da capacidade de cada um, fazendo o corpo crescer em amor para sua edificação.

> Os cristãos crescem em Cristo, o cabeça, ligados um ao outro pelas juntas da verdadeira vocação e servem um ao outro em amor prestativo para a edificação conjunta do corpo de Cristo, ou seja, de toda comunidade.

Atos 4.32-35
Mas a multidão dos que creram era um coração e uma alma. Ninguém dizia que seus bens eram unicamente seus, mas eles eram compartilhados por todos. [...] Não havia entre eles pessoas necessitadas, [...] pois distribuía-se a cada um segundo sua necessidade.

2Coríntios 8.1-5
Compartilho convosco, amados irmãos, a graça que Deus concedeu às igrejas da Macedônia. Pois sua alegria foi exuberante enquanto passavam pela mais severa tribulação. E, apesar da sua extrema pobreza, eles doaram generosamente em toda a sua humildade [...]. Pois espontaneamente deram além do que podiam. Eles insistentemente nos suplicaram pelo privilégio de poder enviar ajuda e amparo aos santos. Não fizeram somente o

que esperávamos, mas, pela vontade de Deus, eles se entregaram primeiramente ao Senhor e, depois, a nós.

> Os cristãos doam a si mesmos e o que possuem para ajudar aos pobres e para promover a piedade.

2Coríntios 8.13-14
Mas isso não acontece na intenção que outros tenham alívio, enquanto vós, tristeza, mas para que haja igualdade neste tempo de carestia [...] para que, depois, também a fartura deles supra vossa necessidade. E suceda como está escrito: "Quem colheu muito não teve demais, e não faltou a quem tinha colhido pouco".

2Tessalonicenses 3.11-13
Pois ouvimos que alguns de vós andam ociosos e não trabalham, mas vivem bisbilhotando. A estes, ordenamos e exortamos no Senhor Jesus Cristo que trabalhem serenamente e comam seu próprio pão. Mas vós, amados irmãos, jamais vos canseis de fazer o bem.

Dessas passagens, devemos assimilar três lições. A primeira é que os cristãos têm união plena e perfeita entre si. Pois, como são um corpo e vivem de um Espírito, eles têm uma só vocação, foram chamados a uma esperança, almejam uma felicidade, reconhecem um só Senhor e têm a mesma fé. Foram despidos de si mesmos – sim, morreram – por um só batismo e foram renascidos filhos de Deus em Cristo. Assim, eles têm um Pai no céu, de modo que devem ter entre si a mais perfeita, a mais amigável e fiel irmandade, comunhão e unidade. Quão preciosamente isso tudo é expresso nas primeiras duas citações! Pois qual sociedade (ou comunidade) poderia ser mais unida de coração, mente, palavras e tudo mais, a não ser aquela que não é nada além do corpo de Cristo? Pois aqueles que vivem apenas através do Espírito de Cristo não buscam o próprio interesse; pelo contrário, todos buscam Cristo, o Senhor. Então, ninguém é outra coisa senão Cristo.

A outra lição que podemos aprender das passagens citadas decorre desse primeiro aspecto. É que os cristãos não têm apenas a comunhão mútua mais íntima e unida, mas também a mais fiel e dedicada. Todos são incumbidos de fazer o melhor e almejar a maior perfeição. Aconselham e ajudam uns aos outros em todas as coisas. Cada um acolhe no coração a necessidade do outro como se fosse a sua própria, importando-se tanto com as peculiaridades de cada um como com a situação de todos. Por mais que sejam, quantitativamente, muitos, os cristãos são um só corpo: o corpo de Cristo. Por isso, cada um sempre se encontra conectado com os outros em Cristo, de modo que a existência cristã verdadeira deve ser a mais cordial e dedicada. O Espírito de Cristo está e age em cada um deles. Ele opera para a edificação geral, tanto de todo o corpo como de todos os seus membros individualmente.

Por ser um membro de Cristo e um instrumento do Espírito Santo, cada membro também está incumbido de uma tarefa e de uma obra especial que promovam o bem no corpo de Cristo. Para isso, é agraciado com capacidade e habilidades. Ou seja, o cristão não é ocioso, não é alguém que não esteja sempre buscando o bem do outro; não é alguém de quem os outros não necessitem para o próprio bem. Os cristãos recebem uma diversidade de dons segundo a graça que lhes foi concedida. E, como sucede num corpo físico, também acontece com eles: onde há mais necessidade, para esse lugar todos também direcionam sua ajuda e seu empenho, tanto material como espiritual. Cada um tem sua vocação para contribuir em prol dos outros membros, aos quais está conectado por meio dessa ordem e dessa vocação divinas.

Quando todo o empenho dos cristãos busca constantemente a edificação geral das igrejas de Cristo, cada vez mais pessoas se tornam cristãs, e os que já ostentam essa condição tornam-se mais perfeitos. Dessa forma, a verdadeira vida piedosa é promovida continuamente. Isso tudo é exposto detalhada e ricamente, além da primeira e da segunda citação, na terceira, na quarta e na quinta passagens bíblicas. Todos os cristãos devem atentar bem para elas, acolhendo-as em seu coração.

Em terceiro lugar, também podemos aprender das passagens citadas que os cristãos se acolhem mutuamente com fidelidade, não apenas espiritualmente, mas também na vivência cotidiana, de modo que, entre eles, ninguém sofra necessidade de algum bem verdadeiro. Pois a ordem de Deus chamou alguns para doar e fazer o bem, e outros para receber e usar os bens dos outros. Assim, cada um é acolhido fraternalmente em suas necessidades, que são distintas, de modo que ninguém é sobrecarregado pelos outros. Ninguém deve explorar o trabalho nem a necessidade alheia. Pois, onde as comunidades de Cristo estiverem firmadas retamente e sua convivência for como deve ser, lá não se tolerará ninguém que queira usufruir o trabalho dos outros sem que faça algo útil. Isso está dito nas citações de Atos, 2Coríntios e 2Tessalonicenses.

Portanto, nas passagens aqui apresentadas, temos uma descrição do que é a igreja, a comunhão cristã; de qual é seu alcance e de quais são seus modos de ser e suas características. A saber, a igreja é a mais perfeita associação, reunião e comunhão. Ela pretende conduzir os crentes e todos os eleitos a Cristo, o Senhor, cuidar deles e edificá-los, de modo que não sintam falta ou necessidade de nenhum bem espiritual ou material, mas sejam conduzidos e incentivados à perfeita bem-aventurança em corpo e alma. Isso, a igreja realiza por meio de diversos ministérios e dons.

2. O **governo** de Cristo em sua **igreja**

Mas os cristãos, enquanto vivem aqui, nesta era, não são completamente despidos de si mesmos e revestidos de Cristo. Eles não morrem totalmente para si mesmos, para que Cristo viva plenamente neles, pois ainda erram e pecam todos os dias. Por esse motivo, necessita-se de ensino e disciplina constantes na igreja e na comunidade de Cristo. Em outras palavras, a igreja precisa de uma liderança por meio da qual os cristãos sejam encorajados e conduzidos a aprender a negar a si mesmos, a buscar e a se entregar totalmente ao seu cabeça, Cristo, o Senhor, para que ele viva em plenitude e realize sua obra em seus membros verdadeiramente vivos e perfeitos.

Essa liderança em sua igreja, nosso Senhor Jesus Cristo tem e exerce pessoalmente e por intermédio de seu Espírito. Por isso, a Escritura o designa como rei dos céus e chama a igreja de reino dos céus. Ele é chamado de mestre, e os cristãos, de seus discípulos e alunos; ele, de pastor, e a igreja, de seu rebanho; ele, de cabeça, e os cristãos, de seus membros; ele, de noivo, e a igreja, de noiva, a quem ele limpa e purifica até que ele próprio a apresente como comunidade perfeita, sem manchas ou defeitos. A Escritura afirma que ele é o médico, e os cristãos, os enfermos; ele é o juiz que julga e disciplina, e os cristãos, aqueles que são julgados e disciplinados. Podemos concluir isso das seguintes passagens:

Jeremias 13.5-6
Eis que virá o tempo, declara o Senhor, em que levantarei um renovo de justiça para Davi, que será um rei que reinará bem e fará o que é certo e justo na terra. Na mesma época, Judá será salvo e Israel viverá em segurança. Este será seu nome pelo qual será chamado: o Senhor que nos fará justiça.

Lucas 1.31-33
Tu ficarás grávida no ventre e darás à luz um filho, cujo nome deverá ser Jesus. Ele será grande e será chamado Filho do Altíssimo. E Deus, o Senhor, lhe dará o trono de seu pai, Davi; ele será rei sobre a casa de Jacó para sempre e seu Reino jamais terá fim.

João 17.1b-3
Pai, chegou a hora de glorificares teu Filho, a fim de que teu Filho te glorifique. Pois assim lhe deste autoridade sobre toda a carne, a fim de conceder a vida eterna a todos os que lhe deste.

Efésios 5.28b-32
Quem ama sua esposa ama a si mesmo. Pois ninguém jamais odiou a própria carne, mas a alimenta e dela cuida, como também o Senhor faz com a igreja, pois somos membros de seu corpo, de sua carne e de seus ossos. Por essa razão, o homem deixará pai e mãe, e se unirá à sua mulher. Eles se tornarão uma só carne. Esse mistério é grande. Refiro-me, porém, a Cristo e à comunidade.

Mateus 23.9
Vós não deveis ser chamados de "mestre", porque um só é vosso mestre, Cristo.

Ezequiel 34.11-14
Porque assim diz o Senhor: Eis que eu mesmo acolherei meu rebanho e o buscarei, assim como um pastor busca suas ovelhas quando elas se perdem do rebanho. De modo que também eu quero procurar minhas ovelhas e as resgatarei de todos os lugares por onde foram dispersas na hora da escuridão e das trevas. Eu as farei sair de todos os povos e as reunirei de todas nações. Quero conduzi-las dos outros povos para sua própria terra e as apascentarei nos montes de Israel, em todos os vales e em todo lugar habitado do país. Quero conduzi-las à melhor pastagem, e seus apriscos estarão nos altos dos montes de Israel. Ali, nos montes de Israel, descansarão em acolhedoras choupanas.

João 10.14-15
Eu sou um bom pastor e conheço minhas ovelhas, e sou conhecido por elas. Como o Pai me conhece, eu conheço o Pai e entrego minha vida pelas ovelhas.

Colossenses 1.18-20
E ele é a cabeça do corpo, a saber, da igreja. Ele é o princípio e o primogênito dentre os mortos, para que tenha a supremacia em tudo. Pois foi do agrado do Pai que nele habitasse toda a plenitude e que tudo fosse reconciliado consigo por meio dele, tanto o que está na terra como o que está no céu, a fim de estabelecer paz consigo por meio de seu sangue na cruz.

João 14.23
Quem me ama guardará minha palavra e meu Pai o amará, nós viremos a ele e faremos morada nele.

Mateus 18.20
Pois onde dois ou três estiverem reunidos em meu nome, ali estarei no meio deles.

Mateus 28.21
Eis, eu estarei convosco todos os dias, até o fim do mundo.

Podemos deduzir, das passagens anteriormente transcritas, que Cristo, nosso Senhor, tem todo o poder e toda a liderança em sua igreja e comunidade, exercendo-os pessoalmente. Ele mesmo lidera sua comunidade, apascenta e cuida dela. Ele recolhe para sua comunidade as ovelhas que ainda se encontram desviadas. Aquelas que já estão em sua comunidade, ele alimenta, guia e providencia que diariamente sejam cada vez mais purificadas e redimidas de pecados, bem como de toda sorte de desgraça que os pecados acarretam. Ele cuida constantemente para que sejam conduzidas e incentivadas para toda piedade e bem-aventurança. Essa liderança o Senhor exerce eternamente, guiando a casa de Jacó, ou seja, as igrejas. Ele está e habita com os seus até o fim do mundo, não de maneira visível ou nos termos deste mundo, do qual ele se ausentou. Mas, mesmo assim, ele está presente de verdade e de fato como rei em seu reino; como mestre entre seus discípulos; como pastor fiel junto ao seu rebanho; como noivo com sua noiva; como médico em meio aos doentes e como disciplinador junto aos que necessitam de disciplina.

Quem na igreja não serve ao Senhor com a palavra e a disciplina bíblica, apropriando-se da liderança, é um anticristo.

Por isso, ninguém pode apresentar-se como procurador[1] do Senhor, pois o Senhor jamais se ausenta de sua igreja, estando pessoalmente presente durante todo o tempo. Nela, ele age e atua em tudo. Por isso, não servem a toda justiça

---

[1] No original, o termo é *statthalter*, que é aquele que age e governa no lugar do rei. A expressão "vigário" tem conotação excessivamente religiosa. [N. T.]

com a proclamação do evangelho e da disciplina cristã todos os que, como o papa e os bispos mencionados, arrogam para si a liderança espiritual sobre a igreja. Pretendem ser liderança espiritual, mas não cooperam com o Senhor Jesus em seu pastoreio bem-aventurado, pelo qual todos os eleitos de Deus, libertados de todos os pecados, são conduzidos a toda justiça pela verdadeira fé nele. Enfim, os que, com Cristo, não ajuntam e não cuidam corretamente de suas ovelhinhas, estes espalham e pervertem as ovelhas de Cristo. São anticristos, não participam nem têm parte no reino de Cristo, ou seja, nas igrejas de Cristo. Esses não são membros das igrejas, menos ainda são representantes ou procuradores do Senhor. Menos ainda cabe a eles ter poder sobre as igrejas de Cristo para ensinar e ordenar o que Cristo, o Senhor, não mandou ensinar e ordenar.

Agora, porém, está evidente que o papa e seus pretensos bispos administram igrejas sem servir a Cristo, o Senhor, no verdadeiro pastoreio de suas ovelhas, mediante o ensino e a disciplina, mas se opõem pela força a todos aqueles a quem o Senhor despertou para esse serviço. Estes, pelo contrário, fazem tudo que podem por causa dos visíveis e conhecidos abusos e inegáveis equívocos da doutrina de Cristo, dos santos sacramentos e de todos os ordenamentos de Cristo, que os próprios papistas confessam.

Pois, entre eles, não há ninguém que não admita ou perceba que o estamento espiritual decaiu miseravelmente e que, entre eles, há muitas contradições. Mas de modo algum querem admitir uma reforma e uma melhoria verdadeiramente cristãs. Também não se percebem neles conselhos e ações tais que pretendam evitar os abusos conhecidos. (O amado Cristo conceda que, por trás disso, não se esconda algo pior do que deixam transparecer!) Isso seria motivo de preocupação se nosso pastor supremo, Jesus Cristo, não suspendesse ou desviasse os ataques deles, como ele, agora, muitas vezes tem feito graciosa e maravilhosamente. Como eles exercem tal pastoreio das ovelhinhas de Cristo, redundará, evidentemente, que eles próprios clamarão, com as ovelhas e os bodes, por outros pastores que os venham socorrer dos animais ferozes.

Por isso, enquanto essa pobre gente não deixar de dispersar e arruinar visivelmente as ovelhinhas de Cristo e retornar ao verdadeiro serviço de Cristo, não pode ser considerada e chamada como representante de Cristo ou ostentar a condição de pastores das ovelhas dele. Pelo contrário, essas pessoas são e chamam a si mesmas de anticristos, ou seja, de opositores de Cristo. Toda a sua liderança sobre as igrejas não é outra coisa senão o que o Senhor diz em João 10.1 acerca daqueles que não entram pela porta do aprisco, mas, sim, por outro lugar. Como se vê, eles se apropriam dos bens da igreja, abusam tão miseravelmente da herança do crucificado e furtam a provisão dos pobres, e isso outra coisa não é senão sacrilégio, como designam seus próprios cânones.

Os príncipes e as autoridades são culpadas de não salvaguardar as igrejas da violência e do roubo que o papa e sua turba exercem sobre ela.

Esse abuso e esse roubo arruínam a igreja de Cristo, tanto espiritual como materialmente. Os príncipes e as autoridades devem enfrentar essa situação com seriedade, pois o Senhor os constituiu como pastores de seus rebanhos, instituiu-os e concedeu-lhes autoridade suprema, submetendo-os, a todos, como súditos, como o Espírito do Senhor expressa por meio de Paulo, em Romanos 13.1-7. Os príncipes igualam-se a verdadeiros apóstolos, profetas e evangelistas, como Crisóstomo escreve sobre essa passagem. Mas que esse exercício de autoridade aconteça de maneira e na medida verdadeiramente cristãs! Também na autoridade não seja percebida e encontrada outra coisa senão a autoridade e a liderança de Cristo, para não suceder que o sacrilégio dos padrecos seja transferido para outra gente, que rouba a herança do crucificado de seus servos pobres e necessitados. Como pastores do povo de Deus, essas autoridades também devem evitar com esmero que ninguém se aproprie da autoridade e do domínio do rebanho de Cristo. Desse modo, a própria autoridade e a liderança pura de Cristo continuam e permanecem através dos que lhe servem fielmente, tendo sido eleitos para o aconselhamento e o pastoreio na igreja. Por isso, devemos pedir sem cessar quando oramos: "Venha o teu reino".

3. Como nosso Senhor **Jesus** exerce seu **pastoreio** e opera a obra de nossa **salvação** em sua igreja através de servos legítimos

Como já dissemos, nosso amado Senhor Jesus está realmente presente em sua igreja e, agora mesmo, ele a governa, dirige e apascenta. Mas ele efetua e realiza essa liderança e o pastoreio de suas ovelhas por seu agir invisível, de tal modo que permanece em sua existência celestial, ou seja, divina. Como foi retirado deste mundo, Cristo agrada-se em exercer sua liderança, seu cuidado e pastoreio por meio de nós, que ainda estamos neste mundo, mediante o ministério de sua palavra, usando seus servos e instrumentos. Ele os usa concreta e visivelmente. E podemos depreender isso das seguintes citações:

Mateus 28.18-20

A mim foi dada toda a autoridade no céu e na terra. Por isso, ide e ensinai todos os povos, batizando-os em nome do Pai e do Filho e do Espírito Santo, ensinando-os a guardar tudo o que eu vos ordenei. Eis que eu estarei convosco todos os dias até o fim do mundo.

> Os apóstolos são incumbidos de fazer discípulos para o Senhor, de batizar, ou seja, de fazer renascer e de ensinar a guardar todas as doutrinas que ele ordenou. Ou seja, eles devem empenhar-se para que as pessoas se tornem bem-aventuradas.

Lucas 24.45-47

Então lhes abriu o entendimento para compreenderem as Escrituras e lhes falou: Está escrito que o Cristo haveria de sofrer e ressuscitar dos mortos no terceiro dia, para que, em seu nome, fosse pregado o arrependimento para o perdão de pecados a todos os povos, começando por Jerusalém.

> O Senhor instrui seus servos nas Escrituras a fim de que eles anunciassem arrependimento e perdão dos pecados, ou seja, promovessem a salvação das pessoas.

João 15.16

Vós não me escolhestes, mas eu vos escolhi e estabeleci para que deis fruto e para que o vosso fruto permaneça, a fim de que o Pai vos dê o que pedirdes em meu nome.

João 20.21-23

Depois disso, Jesus novamente disse: Paz seja convosco! Assim como o Pai me enviou, eu os envio. Depois de dizer isso, ele soprou sobre eles e lhes disse: Recebei o Espírito Santo. A quem perdoardes os pecados, eles serão perdoados; e, a quem não os perdoardes, não estarão perdoados.

> O Senhor, na Palavra, ordenou aos seus servos que produzissem nas pessoas frutos, a saber, a salvação.

Mateus 16.19
Eu lhe darei as chaves do Reino dos céus. Tudo o que tu ligares na terra será ligado nos céus, e tudo que tu desligares na terra será desligado nos céus.

> Como nosso Senhor foi enviado pelo Pai, assim ele também envia seus servos, dando-lhes seu Espírito e autoridade para perdoar e reter pecados, para acolher na bem-aventurança ou lançar à condenação.

Mateus 10.20
Não sois vós que estais falando, mas o Espírito do vosso Pai fala por meio de vós.

1Coríntios 3.5-6
Quem é Paulo? Quem é Apolo? Meros servos por meio de quem vós viestes a crer, conforme o que o Senhor atribuiu a cada um. Eu plantei, Apolo regou, mas Deus o fez crescer. Assim nem o que planta nem o que rega são alguma coisa, mas é Deus quem concede o crescimento.

1Coríntios 4.1
Cada um nos considere servos de Cristo e despenseiros dos mistérios de Deus.

> Observe que pelos servos as pessoas se tornam crentes, mesmo que tudo seja obra de Deus.

2Coríntios 3.2-6
Vós mesmos sois a nossa carta escrita em nosso coração, que é

conhecida e lida por todas as pessoas. Ficou evidente que vós sois uma carta de Cristo, preparada pelo serviço da pregação e escrita por nós, não com tinta, mas com o Espírito do Deus vivo; não em placas de pedra, mas em placas de corações de carne. Tal confiança em Deus temos por meio de Cristo. Não que sejamos capazes, por nós mesmos, de conseguir qualquer coisa, mas nossa capacidade vem de Deus. Ele nos capacitou para exercer o ministério da nova aliança, não da letra, mas do Espírito. Pois a letra mata, mas o Espírito vivifica.

O Senhor usa os seus servos para inscrever a si mesmo nos corações das pessoas e não apenas com meras letras, mas para conceder-lhes o Espírito e estabelecer com eles o Novo Testamento, a nova aliança da graça da vida eterna.

1Tessalonicenses 1.4-5
Pois, caros irmãos, amados de Deus, sabemos que vós fostes escolhidos porque o nosso evangelho não esteve convosco somente em palavras, mas também em poder, no Espírito Santo. E, certamente, vós sabeis como nós agimos entre vós e por causa de vós.

1Tessalonicenses 2.13
Nós também agradecemos a Deus sem cessar porque vós, ao receberdes de nossa parte a palavra da pregação divina, a aceitastes, não como palavra humana, mas – conforme ela verdadeiramente é – como palavra de Deus, que opera em vós que crestes.

De cada uma das passagens aqui relacionadas, parece-me claro e evidente que nosso Senhor Jesus agora está conosco em sua condição celestial, governando e pastoreando-nos do céu. Sua liderança e seu pastoreio são a obra de nossa salvação, a qual é realizada entre nós por seus servos, aqueles a quem ele chama, incumbe e usa para isso. Por meio deles, o Senhor Jesus capacita todos os povos para o aperfeiçoamento, anunciando-lhes perdão dos pecados, perdoando-lhes. Aceita-os como discípulos, fazendo-os renascer para a vida divina pelo Espírito Santo. Também os ensina a guardar, por toda a vida, tudo que nos ordenou, como expressam a primeira, a segunda, a quarta e a quinta passagens.

Para tanto, esses servos da igreja de Cristo são presenteados com o mistério de Deus, ou seja, com a salvação em Cristo e com o Espírito Santo, e não apenas com a letra. Eles acolhem os eleitos de Deus e os conduzem à eterna aliança da graça pelo sangue de nosso Senhor Jesus Cristo. Essa aliança deve ser estabelecida com todos os eleitos de Deus em todo o mundo. Portanto, os servos prestam serviços ao Senhor, ensinando o santo evangelho, admoestando e ministrando os sacramentos aos seus eleitos. Eles fazem isso com o propósito de que as pessoas venham a Cristo, nosso Senhor, e sejam salvas, como expressam a terceira, a sétima, a oitava e a nona passagens.

Mas eles, de modo algum, o fazem com base em suas próprias forças, mas, sim, pelo poder e pelo agir do Senhor. A partir de si mesmos, eles jamais podem pretender fazer tal coisa. Pelo contrário, é Deus quem os capacita. Por isso o Senhor lhes dá seu Espírito e a compreensão da Escritura.

Assim, seu Espírito fala por meio de seus servos, e tudo é fruto de seu poder, do Espírito. É a obra dele e é ele quem concede crescimento, como mostram a sexta, a sétima, a nona, a décima e a décima segunda passagens.

Disso devemos aprender quão perniciosas e maléficas são as pessoas que desprezam esse serviço da igreja, como se fosse uma obra exterior. Elas consideram que isso não contribui significativamente para nossa salvação e que, sem esse serviço, também podemos ser cristãos e receber as dádivas de Deus. Argumentam que o Senhor precisa ensinar, lavar, purificar, fazer renascer, alimentar, fortalecer e conduzir a todo bem interiormente. A verdade, no entanto, contesta isso, afirmando que o Senhor precisa fazer, ele mesmo, tudo isso, não apenas interiormente, como também por meio de ação exterior. Do contrário, a palavra e os sacramentos que ouvimos e recebemos exteriormente não seriam obra de Cristo, mas seriam palavra e sacramento do anticristo e do diabo. Entre ambas as posições, não existe meio-termo.

Disso decorre que Paulo e todos os apóstolos, bem como todos os servos de Cristo verdadeiramente cristãos, querem ser reconhecidos, tidos e aceitos como pessoas que, nesse serviço, não distribuem sua própria palavra e símbolo. Também não são os que falam e agem realizando a própria obra; eles são apenas aqueles que distribuem a palavra e o mistério de Deus, e atuam na obra de Cristo. Em seu serviço, não querem que olhemos para eles, mas para Cristo, o Senhor. Por isso, não querem ser servos da letra morta, nem querem ser tidos como servos do cristianismo meramente exterior. Pelo contrário, querem ser servos do Espírito, por meio do qual conduzem as pessoas à fé e à salvação, na medida em que Cristo escreve interiormente no coração deles. Assim foi o que o apóstolo fiel expressou e mostrou claramente na sétima, na oitava, na nona e na décima primeira passagens. Nessa ação, toda capacidade e toda obra são de Cristo, nosso amado Senhor. Os servos são seus instrumentos, pelos quais ele realiza e continua essa sua obra em seus eleitos.

Por isso, no tempo da antiga aliança, todos os filhos de Deus precisavam ser ensinados e acolhidos para a salvação pelo serviço dos santos pais, mediante a circuncisão. Também o sumo sacerdote Arão e todo o povo de Deus chegaram à aliança e ao serviço divinos através de Moisés. Assim que o Senhor chamou alguns apóstolos, eles foram incumbidos de conduzir todos os outros filhos de Deus ao Senhor. Deus enviou um anjo a Cornélio, que lhe anunciou sua graça, mas depois ele necessitou ser ensinado adequadamente e renascido através de Pedro. Cristo converteu Paulo pessoalmente a partir do céu, mas depois Paulo precisou ser instruído corretamente por Ananias, bem como ser lavado e purificado dos pecados pelo batismo. Portanto, o Senhor não deseja abdicar desse ordenamento, por meio do qual ele realiza a obra de nossa conversão, salvação e de toda bem-aventurança em nós mediante seus servos. Os primeiros, ele próprio vocacionou; os demais, ele chamou, porém incumbindo e usando para isso o serviço da igreja.

Assim, todos os cristãos piedosos devem precaver-se do equívoco deveras pernicioso que despreza o serviço da igreja na palavra e nos sacramentos. Pois esse equívoco considera o serviço da igreja coisa exterior e pretende alcançar e receber tudo de Cristo do céu, sem os meios que o Senhor quer usar. A esse equívoco, devem contrapor-se as passagens antes mencionadas e argumentar com todos que querem induzir a ele: "Quero apegar-me ao ordenamento do meu Senhor e à sua igreja, que instituiu servos legítimos por meio dos quais ele quer reunir-me ao seu reino, perdoar meus pecados, fazer-me nascer de novo, preservar, ensinar e conduzir-me à vida eterna. Quero ouvi-los como ao próprio Senhor e considerar e atender ao seu falar e agir realizados nesse serviço – desde que seja feito segundo o Senhor o instituiu. Quero acolhê-lo não como palavra e ação humanas, mas como palavra e obra de meu Senhor Jesus Cristo, o que eles de fato são. Como tais, eles também produzirão efeitos em mim para a glória do Senhor e para a bem-aventurança dos eleitos".

4. Como nosso Senhor **Jesus** tem e usa uma **diversidade** de servos em sua **igreja**

Nosso amado Senhor Jesus exerce a liderança em sua igreja chamando para ela todas as pessoas. Àquelas que entram nela, ele concede tudo, de modo que não lhes falte bem algum, seja espiritual, seja material. Para tanto, ele, desde o início, não instituiu nem usou apenas um tipo de servo para operar a salvação dos seus. No início, ele usou alguns como profetas, a fim de despertar o mundo para atentar à sua palavra e ao seu reino. Eles tinham o dom de anunciar coisas ocultas e futuras. A outros, deu o dom de falar em muitas línguas estranhas; a outros ainda, o de operar milagres e de restaurar a saúde pela invocação de seu nome.

Alguns, ele ainda usa hoje, não tão frequente e poderosamente quanto no início da igreja, quando os apóstolos levavam o reino de Deus de um lugar a outro, como arautos incumbidos pelo Senhor com a mensagem. No início, em pouco tempo, levaram o reino de Cristo a muitos países extensos e longínquos, erguendo igrejas neles. Esse tipo de serviço o Senhor ainda concede hoje em dia e em todos os tempos. Mas não dispomos de muitos deles, nem dos que tenham um desempenho no Espírito tão poderoso e maravilhoso em seu apostolado quanto foram os primeiros apóstolos.

> O Senhor usou os servos que operavam milagres apenas no início da igreja.

Os servos da comunidade que o Senhor dá à sua igreja em todos os tempos são os pastores, mestres e os que servem, atendendo os necessitados na igreja local.

A respeito deles, falam as seguintes passagens.

Dos serviços do ensino, da disciplina espiritual e voltado às necessidades materiais

1Coríntios 12.28
Deus estabeleceu na igreja primeiramente apóstolos; então, os profetas; em terceiro lugar, os mestres; depois os que realizam milagres, os que têm dons de restaurar a saúde, os que têm o dom de prestar ajuda, de liderar e de falar em diversas línguas.

Efésios 4.11-12
E ele designou alguns para apóstolos, alguns para profetas, alguns para evangelistas e alguns para pastores e mestres, a fim de preparar os santos para a obra do serviço por meio do qual o corpo de Cristo é edificado.

Tito 1.5-6
Por isso deixei-te em Creta, para que concluísses plenamente o que ainda deixei inacabado e estabelecesses presbíteros em toda

cidade, como eu te instruí. Cada um deles deve ser irrepreensível, marido de uma só mulher e ter filhos crentes que não sejam depravados, glutões ou insubmissos.

Atos 15.2
Eles escolheram Paulo e Barnabé e alguns outros entre eles que foram a Jerusalém tratar dessa questão com os apóstolos e presbíteros.

Atos 15.22
E isso pareceu bom aos apóstolos e aos presbíteros, bem como a toda a comunidade.

Atos 15.23
Nós, os apóstolos, presbíteros e irmãos saudamos os cristãos gentios.

Atos 14.21b-23
Então, Paulo e Barnabé retornaram a Listra, Icônio e Antioquia, fortalecendo as almas dos discípulos e admoestando-os a permanecer na fé, pois é necessário que passemos por muitas tribulações para entrar no reino de Deus. Depois de designarem presbíteros em todas as comunidades e, orando com jejum, eles os encomendaram ao Senhor, em quem haviam crido.

Atos 20.17, 28
De Mileto, Paulo mandou chamar os presbíteros da igreja de Éfeso, dizendo-lhes entre outras coisas: "Cuidai de vós mesmos e de todo o rebanho sobre o qual o Espírito Santo vos colocou como bispos, para pastorear a comunidade de Deus".

Atos 21.18
Mas, no dia seguinte, Paulo foi conosco a Tiago, e todos os presbíteros também vieram.

Atos 6.1-6

Porém, naqueles dias, quando cresceu o número de discípulos, surgiu um murmúrio entre os gregos contra os hebreus, porque suas viúvas eram esquecidas no auxílio diário. Então, os Doze reuniram a multidão dos discípulos e disseram: "Não é certo negligenciarmos a palavra de Deus para servir às mesas. Por isso, irmãos amados, escolhei entre vós sete homens de boa fama, cheios do Espírito e de sabedoria, para passarmos a eles esse auxílio.

> Dois serviços devem estar voltados para as pessoas: o serviço da palavra e da disciplina e o serviço que cuida das necessidades materiais dos carentes.

Nós, no entanto, nos dedicaremos à oração e ao serviço da palavra". Tal proposta agradou a toda a comunidade, que escolheu Estêvão, um homem cheio de fé e do Espírito Santo, além de Filipe, Próocoro, Nicanor, Timom, Pármenas e Nicolau, um convertido ao judaísmo, proveniente de Antioquia. Apresentaram-nos aos apóstolos, que oraram e lhes impuseram as mãos.

> A comunidade escolhe os dotados do Espírito Santo e de sabedoria e que têm um bom nome.

1Timóteo 3.8-10

Do mesmo modo, os servos devem ser homens de palavra, não ser beberrões de muito vinho, nem dados a negócios desonestos, mas apegados ao mistério da fé com a consciência limpa. Eles devem ser testados se são irrepreensíveis. Somente depois devem ser encarregados do serviço.

> Os apóstolos confirmam a eleição e empossam os escolhidos na função com imposição de mãos, ou seja, sinalizam a ajuda do Espírito Santo para o exercício desta função.

Dessas passagens, aprendemos que, em todos os tempos, o atendimento normal da igreja se baseia principalmente nestes dois serviços: o serviço da cura da alma e o serviço que atende às necessidades materiais dos necessitados. Os incumbidos desse cuidado material, os apóstolos e, mais tarde, as igrejas – enquanto essa função nelas persistiu – chamaram de diáconos, ou seja, servos. E, quando a igreja cresceu e se expandiu, foram estabelecidos subdiáconos, ou seja, servos subalternos, e arquidiáconos ou servos líderes.

> *Ainda que prestem serviços materiais na igreja, os diáconos, subdiáconos e arquidiáconos devem ser excelentes e acima de tudo consagrados.*

Toda a sua função e todo o seu serviço eram, como deveriam ser, distribuir a necessitados aquilo que os cristãos reúnem e ofertam em suas reuniões aos domingos e ocasionalmente. Também encaminham o que as pessoas – sejam elas de posição elevada ou humilde – doam individualmente à igreja para essa obra de Deus. Esse serviço deve ter um controle fiel das ofertas, executando a distribuição entre os carentes da comunidade, sejam nativos, sejam peregrinos, fazendo isso conforme as regras das igrejas, a fim de atender a uma decisão específica dos presbíteros ou do principal curador da alma, ou seja, o bispo. Pois o bispo, como o principal supervisor sobre todas as necessidades da igreja, e os presbíteros, como supervisores adjuntos, deparam-se diariamente com as necessidades dos cristãos, tanto dos de fora como dos locais, e sabem quais delas estão dentro das possibilidades de ajuda da igreja.

Esses servos da igreja sempre prestaram contas fielmente das receitas e despesas de bens. Podemos conferir essa prática nos pais da igreja e nas leis eclesiásticas ou canônicas.

Isso está muito bem documentado, especialmente na carta de Gregório, que foi um papa piedoso em Roma.

Entrementes, essa função e esse serviço, submetidos à tirania papal, lamentavelmente decaíram bastante. Assim, há vários anos, poucos daqueles que são chamados de diáconos, subdiáconos e arquidiáconos ainda sabem qual é sua função e qual é seu serviço na igreja, apesar de usufruírem os ricos privilégios dessa função, pois acham que sua tarefa consiste em cantar o evangelho ou a epístola na missa, ou ainda organizar essa cantoria. Mas, de forma lamentável, há muito tempo as igrejas foram totalmente privadas dos bens da igreja por nossos pretensos líderes espirituais. Eles usam e aplicam esses bens de tal maneira que toda a cristandade fica com muito medo diante de Deus e com vergonha diante do mundo. Pois essa gente apropria-se dos bens, da herança do crucificado e do tesouro das igrejas, que deveriam servir para ajudar os necessitados e ser aplicados e usados de muitas maneiras para a edificação do reino de Cristo, como as leis canônicas testemunham amiúde.

Esse roubo na igreja em prejuízo dos pobres, introduzido pelos assim chamados líderes espirituais, levou cristãos piedosos a erguer hospitais, orfanatos e casas de moribundos para, de algum modo, compensar a falta de ajuda. Mas, depois de se apropriarem forçosamente desses hospitais e fundações, e meterem neles suas mãos, os pretensos líderes espirituais já transformaram a maioria dos hospitais e fundações em prelazias, em suntuosos mosteiros e prédios, como é possível conferir nos hospitais chamados do Espírito Santo, de Nossa Senhora, de são João ou pelos nomes de outros santos.

Quando pretensos líderes espirituais privaram os pobres dos bens das igrejas, tentou-se prestar essa ajuda por meio de outras fundações que eles, no entanto, também devoraram.

O mesmo também aconteceu há tempos com as mais antigas instituições de Deus, ou seja, as fundações e os conventos, que foram criados para atender aos pobres e foram erguidos, mantidos e estabelecidos para o serviço da igreja. Mas depois, por artimanha e violência do anticristo, foram desviados do serviço da igreja de Cristo para os desejos e o luxo de seus líderes.

Como o Senhor, nessa época, concedeu-nos compreender mais profundamente sua palavra, também foi restabelecido o cuidado comum com os pobres nas igrejas, embora isso, como quase todas as demais partes da reforma cristã, ainda esteja num singelo começo entre nós, em relação ao que o verdadeiro amor cristão e o verdadeiro empenho pelo reino de Cristo requerem. Fazemos bem em distinguir entre o exemplo dos cristãos antigos e a roubalheira na igreja que está nas mãos do papa. Em vista disso, esse serviço deveria ser restabelecido de tal forma que cada um que sofre necessidades possa ser atendido, para que venha a usufruir do reino de Cristo conforme precisa e que ninguém sofra carência, como temos diante de nossos olhos o exemplo da primeira igreja em Atos.

> *O auxílio comum restabelecido no nosso tempo é um início do cuidado dos necessitados como deve ser nas igrejas.*

Por ora, isso basta quanto ao serviço e à função pela qual o Senhor quer cuidar das necessidades materiais dos seus em sua igreja. A função e o serviço de cura da alma têm importância maior. Pois, onde a função de cura da alma estiver bem atendida e for adequadamente exercida, não sucederá que o serviço que cuida do corpo seja ignorado.

Assim, voltemos agora nosso olhar cuidadoso às passagens que tratam da função do pastoreio e da cura da alma, a fim de aprender duas lições. A primeira, que o Senhor quer pastores, bispos e mestres no serviço de seu reino, como bem testemunham a primeira, a segunda e a terceira citações. A segunda lição é que ele, o bom e supremo pastor, quer usar seus servos para, por meio deles, realizar tudo que prometeu em seu pastoreio.

Isso significa, então, que todos os eleitos de Deus, que nosso Pai deu a Cristo, nosso Senhor, mas que ainda não estão na igreja — ou seja, em seu aprisco — um dia serão trazidos à igreja, ao seu aprisco, e incorporados ao nosso Senhor. E, em relação aos que já foram trazidos à sua igreja e à sua comunidade, em relação a esses, o pastoreio zela não apenas para que permaneçam, mas também para que sejam despidos de todos os pecados e conduzidos a fazer todo bem. Além disso, são encorajados a crescer unidos sempre na bem-aventurança, tornando-se varões perfeitos em Cristo, de modo que ninguém mais tenha carência de compreensão ou de vida. Essa é a meta e a finalidade da função do pastoreio na igreja, como demonstraremos a seguir.

Tudo isso deve ser realizado e alcançado somente por meio de ensino, admoestação e disciplina, pelo consolar e pelo perdoar, pela reconciliação com o Senhor e com sua igreja. Ou seja, a ministração plena da palavra divina também requer uma reputação adequada e nobre, um imprescindível temor, além de uma vida exemplar daqueles que exercem a função do pastoreio e estão incumbidos de cuidar do rebanho. A esse respeito, ainda faremos citações bíblicas mais adiante.

A função do pastoreio engloba, portanto, muitas tarefas: ensino, admoestação, advertência e disciplina, consolo e perdão. Além disso, requer boa reputação, temor e uma vida exemplar. Se todos esses serviços tão distintos devem ser realizados adequadamente, a fim de alcançar aperfeiçoamento em cada um e em todos os eleitos, cada cristão reconhecerá facilmente que a função do pastoreio requer diversos dons e nobres habilidades, além de um empenho sério para bem exercê-lo. Também as pessoas a serem adquiridas, preservadas e aperfeiçoadas para o Senhor não são do mesmo feitio; suas fragilidades são muitas e diversificadas. Ademais, as comunidades abrangem muitas pessoas. Assim, o Senhor também dá a cada qual seus próprios dons e tarefas. Ele não dá todos os dons apenas a uma ou duas pessoas, mas quer que cada um ajude o outro em suas carências e necessidades.

A um, Deus dá a habilidade de ensinar clara e compreensivelmente, mas não lhe dá tanta graça para o aconselhamento. A outro, ele capacita a admoestar com cordialidade e seriedade, mas não lhe concede ser poderoso no ensino e na explicação da Escritura. A outro ainda, o Senhor concede dedicação frutífera para corrigir e disciplinar, mas não muita capacidade no ensino e na admoestação. A outro, ele doou um espírito submisso e ousado que, por atentar para toda a comunidade e perceber onde o diabo quer interferir, a alerta e previne disso a tempo, embora não seja muito útil nem no ensino nem na admoestação. Ainda há aqueles a quem o Senhor ordenou prestar seu serviço às mentes abatidas e atormentadas, consolando-as cordial e fortemente, com a medida certa de seriedade e disciplina. Mas, nas outras tarefas do pastoreio, esses são pouco eficazes.

> Se o serviço do pastoreio é para ser bem atendido, as igrejas precisam de muitas pessoas; o Senhor distribui os dons para a função do pastoreio entre muitos.

A função do pastoreio é, portanto, uma obra importante, grande e – enquanto vivermos aqui na terra – interminável, pois pretende apresentar todos os membros da igreja de Cristo sem faltas, manchas ou rugas. Por isso, essa função requer diversos serviços e tarefas. A respeito de ambos, queremos apresentar, como já dissemos, as citações bíblicas mais adiante. Como o Senhor não dá seus dons necessários apenas a uma ou duas pessoas, mas os distribui e concede de modo variado a muitos, também quer que suas comunidades tenham, em suas reuniões e em sua organização básica, alguns presbíteros. Muitos ou poucos, dependendo das necessidades de cada comunidade, para conseguir cumprir a tarefa aqui descrita de aperfeiçoar todos os que pertencem a essa comunidade – tanto os que já vieram como os que ainda devem ser trazidos a ela. Disso, dão testemunho todas as passagens acima mencionadas que se seguem às primeiras duas.

Movido por ninguém menos que o Espírito Santo, Paulo ordenou a Tito que estabelecesse presbíteros em todas as localidades de Creta. Igualmente, a primeira igreja em Jerusalém, que o Espírito Santo estabeleceu com sinais visíveis e que os próprios apóstolos organizaram, não elegeu ou incumbiu seus presbíteros sem a inspiração do Espírito Santo.

Assim, os presbíteros devem ser em bom número, um quantitativo adequado à necessidade de cada igreja, o que pode ser deduzido facilmente da grandeza e da amplitude da função do pastoreio. Deduz-se, das terceira e sétima citações, que isso é ordenado pelo Senhor. Em Éfeso, o Espírito Santo ungiu alguns presbíteros como bispos, e não apenas um único. Por isso, Paulo também ordenou que, em todas as localidades em Creta, fossem incumbidos diversos presbíteros, e não apenas um, ainda que as igrejas naquelas localidades da ilha, na ocasião, fossem numericamente bem pequenas.

No entanto, é possível aprender suficientemente de todas as passagens anteriormente citadas, acerca do serviço pastoral, que, no tempo dos apóstolos, a função do pastoreio foi incumbida a esses presbíteros em todos os seus aspectos. Isso é afirmado expressamente na terceira e na sétima citações.

Da terceira, podemos depreender também que o apóstolo ordena aos presbíteros que alguns deles deveriam ser bispos. Ele instruiu Tito para que estabelecesse presbíteros em todas as localidades, mas que esses presbíteros fossem pessoas irrepreensíveis. Por essa razão, ele acrescentou um motivo e diz que um bispo deve ser irrepreensível. É como se ele quisesse dizer: recomendo presbíteros irrepreensíveis, pois eles deverão ser bispos, ou seja, supervisores gerais e pastores dos cristãos. Aquele que servir a todos os outros para que vivam irrepreensivelmente e em santidade deverá ser, necessariamente, santo, irrepreensível e insuspeito diante dos demais.

Nesse sentido, vê-se claramente que o apóstolo, aqui, entende que os presbíteros devem ser bispos, ou seja, os verdadeiros supervisores, curadores da alma e pastores dos rebanhos de Cristo. Por isso é um ordenamento do Espírito Santo que cada igreja tenha vários presbíteros. Todos eles são pastores e bispos, ou seja, supervisores e curadores da alma que exercem a função de pastoreio.

Isso está testemunhado ainda mais claramente na sétima passagem. Pois, como Lucas relata, Paulo convocou os presbíteros de Éfeso para se dirigir a Mileto. Depois, ele narra o discurso que o apóstolo proferiu a eles. Escreve que o apóstolo, entre outras coisas, disse a esses presbíteros: "Tenham cuidado de si mesmos e por todo o rebanho sobre o qual o Espírito Santo os tem colocado como bispos para pastorear a comunidade de Deus".

Perceba que o Espírito Santo, como testemunha o apóstolo, instituiu esses presbíteros como bispos para pastorear a comunidade de Deus. Eles deveriam ser os supervisores e pastores do rebanho de Cristo. Portanto, conclui-se, mais uma vez, que, pela ordem do Espírito Santo, os presbíteros das igrejas devem ser incumbidos da função de cura da alma e do pastoreio. Por isso, Jerônimo, por certo, concluiu bem que a função dos presbíteros e dos bispos é uma função e uma ordem.

A esse respeito, Jerônimo escreve que, nos primórdios da igreja, normalmente os presbíteros aconselhavam e lideravam as igrejas. Somente mais tarde, quando começaram a surgir seitas e heresias na igreja e cada um queria apropriar-se de seu grupo, um dos presbíteros foi estabelecido sobre os demais e designado bispo. Essa praxe ainda não era muito antiga, nem comum a todas as igrejas, pois, como testemunham claramente os pais antigos, entre os quais Jerônimo, a prática nas principais igrejas desde os tempos dos apóstolos era que todos os presbíteros se incumbissem da função episcopal. Mas, paralelamente, já nos tempos dos apóstolos, houve também a escolha e a designação de um dentre os presbíteros para liderar os demais na função deles. Ele deveria tomar a iniciativa de promover a cura da alma e zelar para que as funções episcopais fossem realizadas com esmero e dedicação.

Essa modalidade nos é apresentada na primeira igreja em Jerusalém. Pois Lucas descreve Tiago como líder de toda a comunidade e também dos presbíteros. No capítulo 15 de Atos, ele informa que Tiago, no concílio da igreja, falou depois de Pedro, mas antes de todos os presbíteros. E Lucas escreve que, quando o amado Paulo esteve pela última vez em Jerusalém e abordou com a igreja de lá assuntos de seu ministério, inicialmente procurou Tiago, e que, em seguida, os demais presbíteros também vieram. A oitava citação testemunha esse fato. Pouco a pouco, esse ordenamento também foi introduzido nas outras igrejas das quais temos relatos históricos, inclusive dos pais mais antigos, como Tertuliano, Cipriano, Irineu, Eusébio e outros.

Os presbíteros sempre tiveram um líder, que passou a ser chamado de bispo.

Essa tendência também decorre da própria fragilidade humana, pois, em todos os empreendimentos em que algo deve ser feito por muitos, alguém ou alguns poucos precisam ser incumbidos de assumir a dianteira, falar e agir pelos demais. Isso se observa na política. Ainda que a autoridade de governar esteja com o conselho da cidade, ou o poder com toda a comunidade, sempre há escolha de um ou dois prefeitos para presidir e agir em todos os assuntos de governo. No entanto, eles jamais fazem isso arbitrariamente, mas sempre segundo o ordenamento da comunidade e o conhecimento de todo o conselho. Em todas as coisas, esses prefeitos têm a nobre preocupação de pesquisar tudo o que se faz necessário para o bom governo; de compartilhá-lo com o conselho e de consultá-lo. Depois, dependendo do que for decidido pela maioria, ele dá as instruções, organiza e age. Mas ele faz tudo isso por incumbência e em nome de todo o conselho e de toda a cidade; jamais para si mesmo ou por seu próprio poder.

Postura semelhante também devem ter os presbíteros nas igrejas, no exercício de sua função e no serviço de cura da alma. Eles devem preocupar-se com o bem comum e buscá-lo fielmente, para que o reino de Cristo floresça e todos os seus cordeirinhos sejam bem apascentados.

Para que isso aconteça de modo ordenado e frutífero, os presbíteros, com as comunidades – como já indicamos –, sempre elegeram e incumbiram um dentre eles ou algum outro para assumir a preocupação principal com a igreja, como os prefeitos o fazem nas cidades. Alguém que tenha a supervisão geral, para que todo serviço e toda atividade da igreja sejam bem atendidos; que também promova o ensino cristão, a admoestação e a disciplina geral na igreja, fazendo isso por causa e em decorrência do conselho dos presbíteros.

Em virtude dessa supervisão geral, passou-se a chamá-lo de bispo, ou seja, supervisor ou encarregado.

Portanto, está evidente quantos serviços distintos o Senhor sempre usou em todos os tempos para apascentar e cuidar bem dos seus, a fim de que não sintam falta de bem algum e sejam preservados de todo mal. Por isso, todas as igrejas de Cristo bem estabelecidas terão esses serviços. Terão os presbíteros que forem necessários para a cura da alma e o pastoreio delas. Devem ter tantos quantos forem necessários para suprir as necessidades de cada igreja, segundo exigirem as necessidades de seus membros e de suas respectivas oportunidades.

> As igrejas devem ter tantos presbíteros como a necessidade de cada igreja o requer, escolhendo um deles como bispo ou líder.

Entre esses presbíteros, o ordenamento do Espírito Santo deve ser mantido, de modo que alguns poucos priorizem a preocupação com o que importa e a supervisão geral sobre o rebanho de Cristo, para que não suceda o que se afirma no ditado conhecido, que as ovelhas estão malcuidadas por causa da multidão de pastores. Da mesma forma, igualmente foi estabelecido o serviço que atende às necessidades materiais nas igrejas. Por meio de seus servos, esse serviço deve ser atendido e gerido de tal maneira que ninguém passe necessidade, mas também que ninguém onere os demais, vivendo de forma dissoluta. Agora passamos a descrever o caráter dos presbíteros e como eles devem ser eleitos e incumbidos pelas comunidades para liderá-la.

5. Como e que tipo de **presbíteros** devem ser **eleitos** e instalados pelas **comunidades** para liderá-las

Cada um desses servos do Senhor deve realizar a obra de nossa salvação com ensino, admoestação, advertência, castigo, disciplina e perdão, apenas pela ministração da palavra divina, como pretendemos mostrar a seguir pelo testemunho da Escritura. Como as pessoas são frágeis e desprezam a disciplina e o castigo, é necessário que esses servos tenham, junto aos crentes a quem eles devem servir, a melhor confiança e o melhor reconhecimento. Devem estar verdadeiramente empenhados em pastorear fielmente as ovelhas de Cristo. Além disso, devem ter habilidades e ser dotados da capacitação pelo Espírito Santo. Por isso, devem ser eleitos e empossados aqueles com elevado temor a Deus e com verdadeiro empenho.

Podemos aprender isso das passagens a seguir relacionadas. Em verdade, cada um poderia concluir isso por si mesmo, ao contrapor a instituição dos presbíteros e o modo e a característica de nossa natureza humana.

1Timóteo 3.1-12

Isto é certamente verdade: se alguém deseja a função de bispo deseja uma tarefa nobre. Mas é necessário que um bispo seja irrepreensível, marido de uma só mulher, sensato, moderado, respeitável, hospitaleiro e capaz de ensinar; não deve ser beberrão de vinho, nem mordaz ou envolvido em negócios desonestos, mas, sim, amável; não briguento, nem avarento. Ele deve liderar bem sua própria casa, tendo filhos obedientes, com toda a dignidade. Pois, se alguém não souber liderar sua própria casa, como poderá cuidar da comunidade de Deus? Não pode ser recém-convertido, para não se tornar soberbo e cair na mesma condenação do blasfemador. Também deve ter boa reputação perante os de fora, para não estar envolvido em fofocas e passar vergonha como blasfemador. Também os servos devem ser dignos, homens de palavra, não ser beberrões de vinho, nem se envolver em negócios desonestos. Devem apegar-se ao mistério da fé com a consciência limpa. Que sejam primeiro testados e então, se forem irrepreensíveis, sirvam! Suas mulheres também devem ser dignas, não caluniadoras, mas sóbrias e fiéis em tudo. O servo deve ser marido de uma só mulher e liderar bem seus filhos e sua própria casa.

Tito 1.5-9

Por isso te deixei em Creta, para completares bem o que deixei e para constituíres presbíteros em cada localidade, como eu te ordenei. Escolha alguém que seja irrepreensível, marido de uma só mulher e tenha filhos crentes, que não tenha fama de libertino ou de insubmisso. Pois um bispo, como encarregado da obra de Deus, deve ser irrepreensível: não ser orgulhoso, raivoso nem beberrão de vinho; não ser mordaz, nem envolvido em negócio desonesto. Pelo contrário, deve ser hospitaleiro, bondoso, disciplinado, justo, consagrado, recatado e apegado firmemente à palavra que é fiel e capaz de ensinar, para que possa admoestar outros pela sã doutrina e refutar quem a contradiz.

2Timóteo 2.1-10

Portanto, tu, meu filho, fortifica-te pela graça em Cristo Jesus. E o que ouviste por meu intermédio, diante de muitas testemunhas, ordena a homens fiéis, que também sejam capazes de ensinar a outros. Suporta sofrimentos como bom guerreiro de Cristo Jesus. Nenhum guerreiro se envolve em negócios de seu sustento, pois quer agradar quem o convocou. E, na luta, não é coroado quem não lutar corretamente. O lavrador que cultiva a lavoura deve ser o primeiro a apreciar os frutos. Grave o que digo, pois o Senhor lhe fará entender tudo. Lembre-se de Jesus Cristo, ressuscitado dos mortos, da semente de Davi, conforme o meu evangelho. Por ele sofro e até mesmo estou preso como malfeitor; contudo, a palavra de Deus não está presa. Por isso, suporto tudo por causa dos eleitos, a fim de que também eles alcancem a salvação em Cristo Jesus, com glória eterna.

> Para servir na igreja devem ser eleitos aqueles que são fiéis e capazes de ensinar a outros; que podem suportar sofrimento nas lutas por Cristo e que abdicaram completamente das preocupações e dos negócios mundanos.

2Timóteo 2.15-16

Procure apresentar-se a Deus aprovado, como trabalhador correto e irrepreensível que não tem do que se envergonhar e que discerne bem a palavra da verdade. Evite conversas profanas e inúteis, pois essas palavras induzem à impiedade e corroem tudo à sua volta como o câncer.

2Timóteo 2.22-26

Foge dos desejos da juventude, mas busca a justiça, a fé, o amor e a paz com aqueles que invocam o Senhor de coração puro. Evita os questionamentos injustos e tolos, pois sabes que eles geram brigas. Mas o servo do Senhor não deve ser briguento e, sim, amável para com todos e apto a ensinar. Deve suportar os maus com paciência e corrigir os que se opõem, para que Deus lhes dê o arrependimento e eles reconheçam a verdade, a fim de que, de novo, se tornem sóbrios quanto ao laço do diabo, que os submete à sua vontade.

Os eleitos para o serviço na igreja devem abster-se totalmente de prazeres carnais e almejar todas as virtudes; evitar questionamentos tolos e mal-intencionados; não ser briguentos, mas cordiais com todos; pacientes com os maus; hábeis para apresentar a doutrina de Cristo de modo frutífero e saber defendê-la com coragem.

2Timóteo 3.14-15

Tu, porém, permanece naquilo que aprendeste e do que tens convicção, pois sabes de quem o aprendeste. Porque tu conheces a Sagrada Escritura desde criança. Ela pode instruir-te na salvação pela fé em Cristo Jesus. Pois toda a Escritura é inspirada por Deus e útil ao ensino, ao castigo, à correção e à repreensão na justiça, a fim de que a pessoa de Deus seja perfeita e apta para toda boa obra.

Para presbíteros, deve-se eleger preferencialmente os que foram ensinados na Escritura desde a infância, como Timóteo o foi.

1Timóteo 4.12-16

Ninguém despreze tua juventude, mas sê um exemplo para os fiéis na palavra, na conduta, no amor, no Espírito, na fé e na pureza. Dedica-te à leitura, à exortação e ao ensino até que eu chegue. Não negligencies o dom que te foi dado pela profecia com imposição de mãos dos presbíteros. Sê dedicado e aplicado nestas coisas, para que teu progresso seja evidente a todos. Cuida bem de ti mesmo e da doutrina, e persevera nesse cuidado. Pois, agindo assim, tu salvarás tanto a ti mesmo como os que te ouvem.

> Para servir na igreja, devem ser eleitos os irrepreensíveis, ainda que sejam pouco respeitados por causa da sua juventude. Mas eles podem conquistar o respeito por meio do ensino e da vivência exemplares. Observe, ainda, como os servos na igreja devem ser eleitos e como devem exercer bem no serviço da igreja o dom do Espírito Santo concedido com a imposição de mãos pelos presbíteros. Além disso, só se deve impor as mãos àqueles nos quais se percebe – por meio de profecia – a ação do chamado do Espírito Santo, como foi com Timóteo.

1Timóteo 5.21-22a
Eu testemunho diante de Deus, de Cristo Jesus e dos anjos eleitos que deves observar essas recomendações sem parcialidade, não fazendo nada por favoritismo. Não imponhas a ninguém as mãos precipitadamente e não participes dos pecados dos outros.

Atos 13.1-3
Na igreja de Antioquia, havia profetas e mestres, a saber, Barnabé, Simeão, chamado Níger, Lúcio de Cirene, Manaém, que fora criado com Herodes, o tetrarca, e Saulo. Enquanto serviam ao Senhor e jejuavam, o Espírito Santo disse: Separem-me Barnabé e Saulo para a obra para a qual os chamei. Então, jejuaram, oraram e impuseram-lhes as mãos e os deixaram seguir.

> Na eleição dos servos deve-se atentar para a escolha do Espírito Santo. Para que ele também os mostre a nós, devemos ser atenciosos e orar com afinco. Veja também com quanta seriedade e devoção eles devem ser consagrados por todas as igrejas.

Dessas passagens, aprendemos a respeito de quem deve ser eleito para o serviço na igreja: aquelas pessoas que todos consideram irrepreensíveis e que têm boa reputação, tanto eles próprios como suas esposas, filhos e empregados – a primeira e a segunda citações recomendam isso. Além disso, aqueles que são aptos e capazes de ensinar e liderar, os que são bem avaliados, reconhecidos e apreciados nisso – a terceira e a quarta citações nos ensinam isso.

Em terceiro lugar, aqueles que se destacam dos demais em todas as virtudes. A primeira, a segunda, a quinta e a sétima citações nos ensinam isso.

O Espírito Santo requer especialmente que eles se destaquem nas virtudes pelas quais são um exemplo digno para o rebanho de Cristo, ou seja, com sua vida consagrada e um comportamento justo em relação ao próximo. Também devem demonstrar boa habilidade no ensino, na disciplina e nas demais incumbências da função de pastorear, a fim de atrair as pessoas e, assim, aperfeiçoar a quem atraíram.

Quanto ao primeiro aspecto, o Espírito Santo quer que cada servo da igreja seja marido de uma só mulher; que seja disciplinado e tenha bons modos; que seja santo, comedido e puro. Não seja viciado no vinho, mas capaz de impor disciplina, de modo que seus filhos e empregados não tenham a fama de ser imorais. O Espírito Santo quer que eles demonstrem em si mesmos e em seus familiares as mais elevadas disciplina e santidade, além da mortificação de todos os prazeres e negócios carnais.

Porque, se pretendem ensinar a toda a igreja a mortificação de todos os desejos e prazeres carnais, eles precisam apresentar um exemplo nobre em si mesmos e em seus familiares. Pois aqueles que não perseveram com seriedade e persistência a esse respeito também serão facilmente induzidos por desejos e prazeres maus, de modo que, por isso, eles mesmos não estariam habilitados para as coisas de Deus, já que seriam desprezados e humilhados como imprestáveis.

Aqui, o Espírito Santo inclui a disciplina e a santidade das esposas, mencionando que cada servo tenha uma só. O conselho de que ninguém tenha mais de uma mulher advém do fato de que, nos primórdios das igrejas de judeus e gentios, chegavam a Cristo pessoas que tinham mais de uma esposa. Isso demonstra que o Espírito Santo não teme o casamento no serviço da igreja. Pelo contrário, considera que o matrimônio coopera para que os presbíteros possam viver sem acusações ou vícios. Pois, em ambas as passagens, tanto a Timóteo como a Tito, Paulo, depois de afirmar que os presbíteros devem ser irrepreensíveis e sem culpa, logo acrescentou que deveriam ser maridos de uma só mulher.

Ainda que o casamento acarrete preocupações, canseiras e compromissos temporais que podem atrapalhar o serviço na igreja, por outro lado, também tem muito a contribuir. Ajuda não apenas a viver sem vícios e suspeitas, como também liberta de preocupações e compromissos temporais, de modo que facilita servir ao Senhor com mais fidelidade, com mais dedicação e com menos impedimentos. Isso importa especialmente nesses tempos, em que os servos fiéis e dedicados da igreja são muito precariamente cuidados, enquanto os servos do anticristo podem desperdiçar desenfreadamente a herança de Cristo.

Deus criou o homem e a mulher para que se tornem um só e, obviamente, para que vivam bem e de acordo com a vontade divina. Assim, quando um servo de Deus acolhe uma mulher e convive com ela no Senhor, ele não está se separando do Senhor! E, se a esposa também almeja o reino de Cristo, o marido não precisará deixar de fazer a obra de Cristo para atender à sua mulher, pois ela desejará que ele a realize bem e fielmente. O casamento, por si só, não é profano, algo que não tenha sido ordenado e abençoado por Deus. Por isso, por si mesmo, não impede a santidade e a virtuosidade de alguém; pelo contrário, o convívio conjugal no Senhor promove-as sobremaneira. Assim, tal convívio conjugal é necessário e cabe aos servos do Senhor mais do que aos outros cristãos.

Por isso, todos aqueles que se abstêm do casamento sem terem sido chamados pelo Senhor para isso não conseguem libertar-se por meio da abstenção das tarefas temporais e dedicar-se a Cristo, o Senhor, com mais empenho e liberdade. Pelo contrário, afundam cada vez mais nos afazeres temporais, afastando-se de Cristo, o Senhor, como, lamentavelmente, experimentamos por demais em nossos pretensos líderes espirituais.

Mas acaba acontecendo que se pretende ser mais sábio e santo. O Espírito Santo não indicou com uma palavra, nem em lugar algum de toda a Escritura, que o casamento deveria ser evitado pelos servos da igreja. Pelo contrário, ele, antes, fala como se desejasse o casamento nessa função, assim como o espera também de todos aqueles a quem Deus não ordenou que vivam sem se casar. Estes, aliás, são pouquíssimos. Por considerá-lo um grande aperfeiçoamento, as primeiras e melhores igrejas não temeram o casamento dos servos da igreja. Mas, uma vez descartado, isso introduziu escândalos profanos nas igrejas, como, lamentavelmente, testemunham nossos dias.

Os amados pais da igreja exageraram na interpretação das palavras com que Paulo exalta a castidade dos que não se casaram. Eles deduziram disso que o casamento deveria ser temido porque, por si só, impediria a santidade. Mas esse não é o caso, pois o casamento é obra e bênção de Deus, instituído no paraíso, algo que nem o pecado conseguiu tornar impuro.

Mas os pais antigos não consideraram suficientemente isso, sempre achando que, no casamento, há carnalidade demais. Assim, consideraram-no incompatível com o serviço na igreja, mais até, pois achavam que era incompatível com toda vivência cristã dedicada. Por esse motivo, exaltaram sobremaneira a virgindade e a viuvez, e viam com muito desgosto o casamento dos demais.

Disso, também provém que se entendeu erroneamente a palavra de Paulo, "marido de uma só mulher", no sentido de que o apóstolo estaria exigindo que o servo da igreja fosse alguém que, em toda a sua vida, tivesse tido uma só esposa. Essa interpretação foi introduzida nas leis eclesiásticas e confirmada pelos imperadores cristãos. Assim, ninguém – não importa quão santo ou qualificado fosse – era admitido em lugar algum no serviço da igreja se fosse casado pela segunda vez ou se tivesse casado com alguém que não fosse virgem.

Isso não pode ser extraído com argumentos convincentes nem das palavras nem do ensino de Paulo. Quando diz "marido de uma só mulher", ele não afirma que, em toda a sua vida, houvesse uma só esposa, ou que essa mulher devia ter sido virgem. Também não se encontra, em todo o seu ensino, algo do que se pudesse depreender uma não recomendação de um segundo ou terceiro casamento, fosse com virgens, fosse com viúvas. Apenas recomenda que as esposas fossem tementes a Deus e honradas. Aliás, também Crisóstomo e outros pais da igreja entenderam e interpretaram essa expressão, "marido de uma só mulher" como nós o fazemos, que também é e permanece como a única interpretação verdadeira e natural.

> *Por birra, os papistas não temem as atitudes vergonhosas e escandalosas dos servos da igreja, mas, de modo algum, querem admitir o casamento.*

Essa exaltação da castidade dos não casados e o menosprezo da castidade no casamento foram exagerados pelos pais da igreja. Mas devemos reconhecer que os mesmos pais piedosos explicaram, séria e plenamente, a verdadeira castidade fora do casamento. Nossos papistas, no entanto, nos acusam falsamente, recorrendo ao ensino e ao exemplo desses pais da igreja, pois não querem chegar, por meio de uma dispensa da lei eclesiástica, à clemência dos apóstolos amados e do Espírito Santo. Não admitem dispensar um servo da igreja para poder casar, nem aceitam como sacerdote quem é marido legítimo de uma só mulher piedosa. E agem assim porque, por tantos séculos, lastimavelmente a igreja foi perturbada tão pesada e assustadoramente por vidas escandalosas. Qualquer um percebe que outra coisa isso não é do que deboche enganador e zombaria do Todo-Poderoso e de tudo que é respeitável. Não temem atos vergonhosos e vícios dos servos da igreja, nem mesmo os mais impronunciáveis. Mas é justamente contra isso que eles têm muitíssimas e severíssimas leis eclesiásticas, as quais, contudo, todos, há muito tempo, pisoteiam com os pés. Unicamente por causa de leis humanas, eles se apegam tão aguerridamente a não conceder dispensa por nenhum dinheiro ou bem do mundo, mesmo que, no mais, eles troquem Cristo e todo o resto por dinheiro.

Mas o anticristo sabe muito bem por que ele não tolera o casamento para seus capangas, enquanto, no mais, admite todo tipo de atrevimento. Quanto menos pessoas honradas se misturarem entre seus capangas, menos alguém o prejudicará, insistindo numa reforma. Ele também sabe muito bem que o vício da imoralidade priva o ser humano de todo interesse e apreço pela bem-aventurança, como, lamentavelmente, é possível ver por demais em seus partidários. O menosprezo do casamento lhes é útil, no sentido de que ele não consegue imaginar nada como mais depravado e blasfemador, a fim de poder manipular seus padrecos e monges. Disso decorre também que todo serviço na igreja e toda religião são desprezados e rejeitados ainda mais intensamente por causa da vida imoral dos padrecos e monges. Em decorrência desse desprezo em relação ao serviço e à disciplina na própria igreja, as pessoas se tornam cada vez mais perversas e ímpias.

Além disso, o anticristo tem prazer em impedir e evitar, com isso, que o Senhor realize sua santa obra do amor conjugal na vida de tantas pessoas. Por fim, a proibição do casamento também serve ao anticristo para manter o controle e ampliar, por meio de almas levianas, a roubalheira na igreja. Por meio disso, pode cooptar mais pessoas das elites poderosas para resguardar sua impiedade e tirania. Que nosso amado Senhor Jesus resgate suas ovelhinhas desses lobos e aniquiladores da igreja!

Voltemos, agora, ao nosso propósito. O Espírito Santo quer que os servos da igreja tenham, antes de tudo, virtudes por meio das quais eles próprios, como os seus familiares, sejam exemplos de toda santidade e de toda disciplina. Além disso, exige virtudes que sejam exemplos de uma bondade que beneficie o próximo. Dessas virtudes, algumas requerem que não se impeça a bondade em relação ao próximo; outras, que sejam exercidas com afinco e alegria crescentes. A ambição financeira e o vício por lucro impedem a ajuda generosa ao próximo. Por isso, o Espírito Santo busca para o serviço na igreja quem não seja avarento ou ávido por lucro financeiro, como demonstram a primeira e a segunda citações. Também busca, como ensina a terceira citação, quem não se sobrecarregue com empreendimentos profanos. Essas coisas, portanto, impedem a vontade, a disposição e a perseverança de fazer o bem ao próximo e de ensiná-lo proveitosamente. O mesmo vale para quem é centrado em si, egoísta, ressentido, provocador, briguento e rancoroso, ou então indeciso nas batalhas pelo evangelho e inclinado a questionamentos tolos. Por isso, o Espírito Santo quer que se elejam, para o serviço na igreja, aqueles que estão completamente livres de todas essas deficiências, como mostram as citações um, dois, três e cinco.

Das virtudes que promovem a alegria e a disposição de ajudar ao próximo, tanto material como espiritualmente, o Espírito Santo exige, de forma expressa, as seguintes: sensatez, justiça, santidade, hospitalidade, bondade, paciência, capacidade de suportar, como indicam as citações um, dois e quatro.

Por fim, o Espírito Santo também menciona algumas virtudes que favorecem especialmente os servos da igreja para exercer a disciplina e o pastoreio das ovelhinhas de Cristo com mais alegria e disposição. Esses servos devem ser perseverantes contra o mal, cordiais, fiéis e ensináveis. Devem liderar bem sua própria casa, ser experimentados e não podem ser novatos (Isso nos ensina a quarta citação). Acabamos de enumerar as virtudes que devem ornamentar especialmente os servos da igreja, bem como os vícios e as deficiências das quais eles devem estar livres.

Com tudo isso, porém, não estamos defendendo a opinião de que todas essas virtudes devam ser exigidas e que todos esses defeitos tenham de ser evitados por todos os cristãos. Apenas queremos que se saiba que, antes do que nos demais cristãos, essas virtudes devem existir e ser visíveis nos servos da igreja. Também não devem ser encontradas neles as mencionadas deficiências. No mais, devem-se tolerar nas igrejas os que ainda estão parcialmente afetados por essas deficiências, apesar de as lamentarem e lutarem contra elas. Pois encontramos facilmente os que têm inclinação excessiva ao vinho ou a outros desejos carnais; os que têm inclinação exagerada ao dinheiro e ao lucro, bem como ao ressentimento ou à disputa. Nem por isso podemos excluí-los das igrejas, pois eles lamentam esses seus defeitos, aceitam ser disciplinados e desejam melhorar. Mas, enquanto permanecer essa fragilidade, não é possível eleger pessoas assim para bispos ou presbíteros, uma vez que o serviço de ensinar e aperfeiçoar a igreja requer as mais elevadas firmeza e perfeição em todo bem. No entanto, é lícito que lhes permitamos continuar como cristãos comum na igreja. Do mesmo modo, não se pode acolher qualquer um no conselho de uma cidade, mesmo que seja tolerado como cidadão comum.

Entretanto, apesar de todas as leis eclesiásticas estabelecidas pelos concílios antigos e de os papas se empenharem por elas, essa seriedade na eleição e no ordenamento dos servos das igrejas entrou em decadência, como todos veem. Por isso, ao orarmos "santificado seja o teu nome, venha o teu reino", roguemos por consagração no serviço ao nosso Pai celeste de todo o coração. Não devemos almejar nada mais elevado na terra do que o enfrentamento, com firmeza e em tempo hábil, dessa decadência na igreja. Se ainda não podemos ter, na igreja, servos que correspondam plenamente à meta que o Espírito Santo estabeleceu pelos apóstolos e ao padrão de atender a tudo que ele requer de nós, então devemos escolher quem almeja séria e dedicadamente alcançar cada vez mais essa meta bem-aventurada e deseja corresponder a esse padrão divino. Pois quem deve guiar as pobres pessoas a Cristo sem buscá-lo com todo o seu coração inevitavelmente gerará escândalos e desgraça impronunciáveis.

As igrejas foram compradas pelo precioso sangue de Cristo e tornaram-se seu reino santo e livre. A elas, tudo pertence; e elas pertencem a Cristo somente. Por isso, nenhuma criatura tem o poder de impedir as igrejas de se afastarem totalmente do anticristo e de quem quer destruí-las tão miseravelmente sob a aparência de servir à igreja e estabelecer para si servos dignos. Se deixarem de fazê-lo, elas se tornarão coparticipantes das atitudes blasfemas e da destruição da igreja por servos falsos. Tornam-se corresponsáveis, como bem testemunha com grande seriedade, entre outros pais, Cipriano, em suas cartas quatro, sete e ainda em outros lugares. Refiro-me às igrejas, não a pessoas específicas, nem a certos grupinhos, mas às comunidades de Cristo como um todo, pois nelas os cristãos também têm autoridade. Como também agem movidas pelo Espírito Santo, as igrejas devem buscar a melhor ordem, demitindo os pretensos e imprestáveis servos, e investindo outros que sejam corretos e capacitados para atender às incumbências de seus superiores cristãos e suprir as necessidades de todas as ovelhinhas de Cristo.

Até aqui, tratamos a respeito de quais pessoas as igrejas devem eleger para seus servos no que se refere às questões espirituais e à capacitação por dons divinos para esse serviço. Elas devem pretender e conhecer o bem de toda a comunidade, a fim de enriquecê-la bem no agir divino. Devem ser habilitadas e empenhadas no ensino e na disciplina, bem como em todos os requisitos da bem-aventurança. Por isso, devem estar intimamente ornamentadas com todas as virtudes.

Como, porém, o Senhor não restringiu todos esses dons a uma, duas ou três pessoas, as igrejas sempre contaram com um bom número de presbíteros, os quais não eram todos de um só feitio e não tinham a mesma capacidade. Ainda que todos os presbíteros devam ser bem-intencionados, conhecedores e especialmente revestidos de todas as virtudes, não precisam todos ter a mesma capacidade e o mesmo jeito, nem ter recebido e estar revestidos com o mesmo dom para servir na igreja. Por isso, as igrejas antigas não incumbiram apenas os instruídos de realizar esse serviço, nem apenas os eloquentes, mas também outras pessoas espirituais, sensatas e dedicadas. Em cada um, procurava-se ver o que Deus lhe havia concedido para o aperfeiçoamento da igreja. Em um, percebeu-se que fora educado desde a infância na fé e na Escritura. Foi o que Paulo viu em Timóteo; noutro, que era eloquente e capaz de defender a fé, como Apolo. Em outro ainda, notou-se um caráter cordial e querido, de quem aceita bem crítica e correção. Enfim, via-se em cada um algum dom específico, útil para a cura da alma.

Por isso, as igrejas também não escolheram seus presbíteros segundo um único padrão de atividades, pois Deus não costuma distribuir seus dons dessa forma. Ele não faz acepção de pessoas. Para provar que todos os cristãos – estejam eles incumbidos de tarefas nobres ou humildes – em Cristo são um em tudo, escolhiam-se, para o serviço na igreja, pessoas tanto da classe alta como das classes média e baixa, segundo se viam nelas os dons necessários para a cura da alma.

Para serem acolhidos e aceitos pelas igrejas e poderem servir ao bem-estar e ao bom convívio delas, esses servos tinham de ser nascidos e educados com a capacidade de se condoer e se alegrar, como o foram os bispos antigos, como Ambrósio, Agostinho, Crisóstomo e outros. Quando, porém, estes que deveriam ter essa qualidade e esse dom nas coisas da fé não sabem cuidar de si mesmos – sem falar da capacidade de ensinar e orientar outras pessoas –, é compreensível que as igrejas elejam outros que se destaquem nos dons do entendimento e do empenho cristãos, ainda que exteriormente não fossem tão vistosos e graciosos. Pois, ainda que alguém saiba falar com línguas de homens e de anjos, se não for fiel e dedicado nos assuntos do coração, então é melhor que se busquem pessoas não eloquentes e pouco instruídas, mas que se importem verdadeiramente com a obra de Cristo.

Por esse motivo, nas antigas igrejas apostólicas bem organizadas, elegeram-se presbíteros de todas as classes, sem fazer acepção de pessoas, como, aliás, também se costuma fazer comumente na administração das cidades. Nelas, busca-se manter não apenas a paz geral da comunidade, mas também atender, da melhor forma e do modo mais adequado, às necessidades comuns.

Por isso, Ambrósio lamenta que, no seu tempo, passaram a incumbir apenas pessoas cultas, e não mais uma diversidade de pessoas piedosas, como anteriormente. Assim, ele escreve sobre o primeiro capítulo a Timóteo que a sinagoga e, depois, também a igreja tivessem seus presbíteros, sem cujo conselho nada era feito na igreja. Por qual desleixo isso acabou sendo ignorado, isso eu não sei. Ignoro se resultou de simples relaxamento ou de orgulho dos doutores, dos instruídos ou professores. Mas esse bispo piedoso aponta que é um equívoco quando apenas os doutos e mestres podem realizar o serviço na igreja, excluindo os demais que temem a Deus e são bastante dedicados.

> *Quão perniciosa foi a atitude dos bispos ao encamparem todo poder na igreja. Para atender a sua igreja Deus quer usar muitos, por isso necessariamente as coisas vão mal quando poucos se arrogam o direito de fazê-lo.*

Portanto, é um grave equívoco que, mais tarde, os bispos simplesmente tenham atraído todo o poder na igreja somente para si, afirmando que a melhor liderança é aquela exercida por uma única pessoa, como sucede com a liderança de Deus. Mas eles demonstram ser muito diferentes do que Deus é! No entanto, também numa comunidade pequena, a cura da alma requer tanto que não pode ser adequadamente atendida apenas por uma pessoa ou por poucas pessoas. É verdade que Platão escreve que é mais fácil encontrar uma pessoa extraordinariamente qualificada – que necessitaríamos para a liderança espiritual – do que muitas. Mas, para a verdadeira cura da alma, tantos são requeridos que também os mais capazes – sozinhos ou com a ajuda de poucos – não conseguem fazer muita coisa. Pois toda a habilidade e toda a capacidade vêm de Deus, que quer realizar sua obra na comunidade por muitos, e não apenas por poucos. Quer usar as mais diversas ferramentas nessa obra, com o propósito de atrair muitos para sua glória e para mantê-los todos reunidos, como já mencionamos. A uns, ele chama para serem apóstolos; a outros, para serem evangelistas etc. Entre seus membros, nenhum fica ocioso. Eles precisam das mais perfeitas união e cooperação entre si. Cada um precisa e carece do outro. São unidos, compartilham, empreendem e realizam tudo com o empenho comum de todos os membros.

Observe-se apenas o exemplo de quando Paulo, deveras irritado com a igreja, quis entregar alguns coríntios a satanás. Se alguém na igreja fosse capaz de fazer, sozinho, algo bem, esse alguém seria o próprio apóstolo. Também sozinho, ele poderia realizar a obra de entregar uma pessoa a satanás, para que fosse fisicamente atormentada e voltasse a receber ajuda em seu espírito. Nesse caso, isso não seria obra da igreja, mas o dom especial de uma pessoa capaz de realizar milagres. No entanto, como o apóstolo queria exercer essa tarefa na igreja de Corinto para o aperfeiçoamento dela, exigiu que todos se reunissem e a realizassem com ele, como registra 1Coríntios 5.4-5.

Mas, nas passagens de Romanos 12, de 1Coríntios 12 e de Efésios 4, citadas na primeira, na terceira, na quarta e na quinta citações, encontramos o fundamento correto para esse assunto. Nelas, expõe-se muito bem como o Senhor deseja criar, no serviço da igreja, uma comunhão que envolva muitas e as mais diversas pessoas, procedentes de todas as classes sociais e de todos os contextos humanos. E essa é a causa fundamental e indispensável pela qual é preciso incumbir, para a cura da alma, muitos homens tementes a Deus e dedicados, oriundos das mais diversas classes e dos mais variados contextos, para atender bem e corretamente a esse propósito.

Isso basta quanto ao tipo de pessoas que devem ser incumbidas do serviço na igreja, tanto para o cuidado espiritual como para a assistência e os assuntos materiais. A finalidade e a meta disso tudo consistem em que se elejam pessoas habilitadas e dedicadas à obra do Senhor, em quem seja possível confiar e que contem com a boa-fé das igrejas. Essas duas qualidades acarretarão as demais, a fim de que esses servos estejam plenamente ornamentados com todas as virtudes. Também vimos que é recomendável contar com um bom número de presbíteros, pois o Senhor não quer realizar sua obra através de poucos, mas por meio de muitos. Além disso, eles devem ser eleitos de diversas classes sociais e contextos, e incumbidos no serviço do Senhor, a fim de que ele seja honrado em todas as classes e todos os contextos.

A oitava, a sétima e a sexta passagens nos ensinam como esses presbíteros e servos da igreja devem ser eleitos e instituídos. Nelas, é-nos relatado como foi concedido a Timóteo o dom de presidir bem a igreja. Ou seja, ele recebeu, por meio de profecia, o anúncio prévio pelo Espírito Santo, com a imposição de mãos pelos presbíteros, diante de muitas testemunhas. De forma semelhante, também Paulo e Barnabé foram eleitos e encarregados de sua missão apostólica entre os gentios. Deles, relata-se que a manifestação do Espírito Santo aconteceu enquanto os santos amados oravam e jejuavam no culto a Deus. Em outras palavras, enquanto cultivavam todas as coisas concernentes a Deus – a palavra e os sacramentos, a oração e a prática de contemplar e adorar a bondade divina –, abstiveram-se de todo alimento físico e de todas as atividades temporais. Disso, devemos aprender quais são os quatro aspectos imprescindíveis para a correta eleição e a consagração dos servos da igreja.

O primeiro desses aspectos é que as igrejas, quando precisam eleger e consagrar servos, devem invocar o Senhor com perseverança e fidelidade, fazendo isso sempre e com a máxima seriedade. Devem pedir que o Senhor envie à sua seara servos fiéis e capazes, e que ele também faça sua igreja compreender quem foi eleito por ele para isso. Assim procedeu a primeira igreja ao eleger outro apóstolo no lugar de Judas, como registra a quarta citação, de Atos 1.

Em segundo lugar, as igrejas devem atentar com muita diligência para o sinal do Espírito Santo, a fim de perceberem quem é dotado de qualificação e capacitação para aperfeiçoar a igreja, sem fazer acepção de pessoas ou de condição social. Pois, quando o Senhor dá a alguém a vontade e a capacidade de ajudar a edificar sua igreja, então a simples indicação do Espírito Santo basta para saber que essa pessoa deve ser eleita ao serviço.

Tanto na escolha de Paulo, Barnabé e Timóteo como de outros, houve sinalizações especiais na primeira igreja. Mas isso não pode ser generalizado. Para Priscila e Áquila, bastou a sinalização singela do Espírito Santo para eles perceberem que Apolo era instruído, articulado e empenhado em servir a Cristo. Da mesma forma, nós não precisamos aguardar sinais miraculosos, mas atentar com cuidado para as indicações comuns do Espírito Santo.

Por isso afirma a quarta citação: "o que tu ouviste de mim diante de muitas testemunhas, confia a homens fiéis e capazes de ensinar a outros". Assim, o apóstolo encarrega Timóteo de se empenhar a procurar e perceber aqueles a quem o Senhor capacitou para cuidar dessa obra com fidelidade. Tal dedicação e tal experiência, Paulo também exige dele ao admoestá-lo a não impor precipitadamente as mãos, ou seja, antes que o candidato fosse bem avaliado.

Então, quando Paulo instrui Tito a estabelecer presbíteros na cidade de Creta, ele logo descreve como devem ser: irrepreensíveis, maridos de uma só mulher etc. Com isso, ele também indica que tipo de servos as igrejas devem eleger e instituir, procurando com propósito e fazendo uso da capacidade de raciocínio que Deus lhes deu. Devem distribuir fielmente as funções àqueles em quem a maioria percebe essa sinalização do Espírito Santo, ou seja, aqueles que forem mais bem-dotados, capacitados e enviados para esse serviço.

Por isso o apóstolo estabelece, quanto aos diáconos, que, em todas as igrejas, os servos devem ser dedicados e admitidos ao serviço somente depois de testados e considerados irrepreensíveis. Da mesma forma, também não recomenda escolher um novato na fé, a quem ainda não se conheça bem. Assim, os antigos não admitiam eleger um bispo proveniente de outra igreja. Sempre que possível, procuravam uma pessoa capacitada em seu meio, que tivesse condições de ser instituída como bispo. Da mesma forma, ninguém era eleito para realizar os serviços superiores na igreja sem antes se haver exercitado em todos os demais serviços inferiores e ter sido bem avaliado.

Tudo isso demonstra quão dedicadamente as igrejas devem orar, de forma fiel, ao Senhor e buscar sua resposta; quão seriamente devem questionar, investigar e entender tudo, para que não sejam enganadas por falsas aparências. Dessa maneira, elas percebiam e encontravam a verdadeira indicação do Espírito Santo naqueles que deveriam eleger e incumbir para esse serviço.

Consequentemente, as igrejas antigas estabeleceram a seguinte regra, também confirmada e ordenada em sua lei pelo imperador Justiniano, como registram os Cânones 6 e 23: Quando alguém está prestes a ser ordenado e instituído como bispo, ou seja, para ser o principal curador da alma e pastor, aqueles que o instalam e ordenam devem ler para ele, diante de toda a comunidade de Deus, todas as santas regras, leis e ordenanças da igreja, tanto as estabelecidas quanto à santidade como as referentes à habilitação para esse serviço. Devem perguntar-lhe, diante de toda a multidão, se foi eleito legalmente, não o tendo alcançado por meio de suborno, inveja ou promessas; além disso, se pretende e espera exercer sua função com a ajuda do Senhor. Assim, se houver algo escuso ou uma irregularidade na eleição ou na pessoa, isso pode ser reconhecido em tempo hábil. Pois, diante de toda a comunidade, ninguém ousaria confessar ou negar em relação a si mesmo algo se, na comunidade reunida, houvesse alguém que soubesse que foi diferente.

De forma semelhante, também se pergunta a toda a comunidade se reconhece que o escolhido é íntegro e capacitado para aquele serviço.

No entanto, se alguém dentre toda a comunidade – seja quem for – fizer uma denúncia quanto à eleição ou quanto à pessoa, mesmo que o faça da forma que souber fazê-lo, isso deverá ser questionado, investigado e explicado com rigor. O eleito não poderá ser instalado no serviço sagrado sem se justificar, esclarecer a situação diante de toda a comunidade e ser considerado irrepreensível.

Este é o segundo aspecto necessário para a eleição e a instalação dos servos da igreja: a escolha e a comprovação deles para que sejam eleitos e incumbidos na condição de servos irrepreensíveis.

O terceiro aspecto que podemos deduzir das citações listadas refere-se à forma de organizar a eleição e a instalação. Em primeiro lugar, deve-se obter o consentimento de toda a comunidade, pois não apenas não devem existir queixas do povo contra os servos do Senhor, como também eles precisam gozar de boa confiança e ser amados. Além disso, a avaliação da qualificação necessária dos servos numa comunidade, especialmente quando essa comunidade for grande, não pode ser obtida exceto por meio de algumas poucas pessoas sensatas. Assim, é necessário que os demais presbíteros e líderes conduzam e orientem a eleição e realizem a consagração. Isso decorre da instrução de Paulo a Timóteo para não impor as mãos precipitadamente. E também da orientação dada a Tito, no sentido de estabelecer presbíteros que fossem irrepreensíveis e sobremaneira virtuosos em todas as cidades, de modo que cada comunidade acolhesse de coração seu bispo. Mas isso não significa, como julgam alguns, que Paulo tivesse ordenado a Timóteo e Tito que estabelecessem bispos movidos por seu próprio poder e capricho, sem a concordância e o consentimento da comunidade na qual deveriam ficar. Pois, em todas as regulamentações eclesiásticas, requer-se especialmente que não se designe um bispo para uma igreja que não agrade a ela.

Desde os primórdios da igreja, os líderes sempre conduziram a eleição dos servos da igreja. Alguns foram eleitos por todo o povo; outros, por alguns líderes escolhidos especialmente para essa tarefa. Nós dispomos, em uma carta de Agostinho, do registro da eleição de Heráclio, que Agostinho elegeu e instituiu como seu sucessor. Nessa ata, lemos que o amado Agostinho se ateve a essa ordem. Num dia, ele convocou todos os servos eclesiásticos, bem como todo o povo da igreja, revelando-lhes quanto ele, ainda em vida, desejava ajudá-los a estabelecer o próximo bispo, para que, após sua morte, não surgissem desentendimentos e divisões por causa disso. Então, ele revelou aos presbíteros da igreja e a todo o povo sua vontade – que ele acreditava ser também a vontade de Deus. Desejava que, depois dele, um dos presbíteros, chamado Heráclio, se tornasse bispo. Assim que os presbíteros e o povo ouviram isso, gritaram vinte e três vezes "graças a Deus e louvado seja Cristo"; dezesseis vezes "ouça-nos, Cristo; viva Agostinho"; e oito vezes "tu és nosso pai; tu és nosso bispo".

Portanto, esse Heráclio era bem conhecido do povo, de modo que Agostinho, ao manifestá-lo publicamente, não teve dúvida de que, tanto quanto ele próprio, o povo desejava que Heráclio se tornasse bispo. Também fez questão de que as exclamações do povo fossem registradas em ata, e que esse documento fosse assinado pelos demais servos da igreja e pelo povo. Então, o povo, mais uma vez, exclamou vinte vezes a respeito de Heráclio: "Ele é digno, ele é justo".

Os presbíteros e os bispos, para produzirem bons frutos, deveriam contar com a confiança do povo e se importar verdadeiramente com ele. Por isso, os amados pais antigos ativeram-se com afinco a esse procedimento. Eles recomendaram que, sem o consentimento dos demais servos da igreja, do povo e de seus líderes, ninguém deveria ser incumbido de tais funções, como podemos ler no Código de Direito Canônico.[1]

De acordo com as leis anteriormente mencionadas, o imperador Justiniano ordenou que se realizasse a eleição dessa maneira. Mostra-se, nas mesmas leis, que essa já era a prática estabelecida nas antigas regras da igreja. Essa ordem estabelece o seguinte:

---
[1] Martin Bucer faz referência a um conjunto de normas canônicas de sua época, que não era agrupada efetivamente como um código, como se encontra hoje. A forma codificada da normativa canônica, no âmbito da Igreja Católica romana, foi idealizada no Concílio Vaticano I, em 1870, e promulgada em 1917. O Código de Direito Canônico em vigor foi promulgado por João Paulo II, em 1983. [N. E.]

Quando se elege um bispo em uma igreja, os presbíteros dessa igreja e os líderes da cidade devem reunir-se e escolher entre três candidatos, registrando essa escolha por escrito. Mas, antes, cada candidato deve jurar pelo santo evangelho que não manipulará sua eleição com presentes ou promessas, por meio de amizade, vantagens ou alguma outra tentação. Ainda jurará saber que aqueles que o elegem estão unidos na verdadeira fé universal e numa vida honrosa. E esse seu juramento também deverá ser registrado na ata de eleição.

No entanto, devemos lamentar, com muitas lágrimas, o rumo para o qual essas santas eleições eclesiásticas se degeneraram, sem muitas delongas em escrever a esse respeito. Os pretensos servos da igreja tiraram a eleição dos servos da igreja, bem como das comunidades, e se apropriaram totalmente dela. Algum tempo depois, os prelados superiores, designados canônicos, apropriaram-se dela. Esses servos da igreja pretendem diferenciar-se dos demais, por viverem regidos pelas regras canônicas, as quais, em nosso tempo, ninguém conhece e, menos ainda, cumpre. Assim, há muitos anos, os motivos das eleições para os cargos eclesiásticos são favores carnais, como o proveito próprio. Quando muito, requer-se a habilidade de conseguir e desfrutar de posição, bens e liberdade, simulando exercer uma função espiritual. Mas, da verdadeira cura da alma, ninguém sabe nada, nem a quer ou a deseja, tampouco a alcança ou tem algum resultado.

Quanto mais as eleições dos presbíteros na igreja forem deturpadas por essa gente, mais os cristãos piedosos e tementes a Deus devem investir todo o seu empenho, a fim de que as eleições de presbíteros superiores e intermediários voltem a ser feitas de forma legítima. Devem buscar que se elejam aqueles que são qualificados para essa função, que tenham habilidade e dedicação para a edificação do reino de Cristo. E que sejam eleitos aqueles que são conhecidos, reconhecidos e amados na igreja por esse motivo.

Quando buscam essa finalidade, as igrejas facilmente organizam eleições, realizando-as tanto com grande esmero como na melhor ordem e em amor. Elas incumbirão do ordenamento e da condução da eleição aqueles que gozam de maior respeito do povo e que têm a capacidade de fazê-lo. Esses também devem levar em conta e buscar a vontade e o consentimento do povo, de modo que toda pessoa seja motivada a amar e respeitar os eleitos, e que ninguém se escandalize com eles. Pois, onde os servos do ensino cristão não forem amados e benquistos pelos filhos de Deus, certamente produzirão pouco fruto, mesmo que sejam altamente dotados, além de íntegros e dedicados. Nisso, porém, devemos observar o que motiva cada um em sua simpatia ou antipatia. Os bem-intencionados e espirituais devem rejeitar, com toda a cordialidade, a antipatia que procede de inverdades e tentações malignas.

Por fim, das passagens mencionadas, o quarto aspecto que devemos aprender sobre a eleição dos presbíteros é a grande seriedade e a nobre devoção com que a consagração dos eleitos deve ser feita. Com jejum e oração de toda a igreja, Paulo e Barnabé foram incumbidos de suas funções, como registra a quarta citação. Da mesma forma, devem ter demonstrado toda a seriedade e toda a devoção na imposição de mãos os presbíteros que consagraram Timóteo em sua função.

Por isso as igrejas antigas costumavam proceder da seguinte forma: sempre apresentavam os servos eleitos a toda a igreja, perguntando se alguém sabia de alguma falta deles. Parece que esse ritual e esse costume ainda são mantidos hoje em dia, quando se consagram os padrecos. Nessas cerimônias, o bispo que as preside pergunta: eles são dignos? Alguém responde: eles são dignos. Então, o bispo prossegue: eles são justos? E outra pessoa responde: são justos. Mas, de uma forma lamentável, é visível quão superficialmente aquele que consagra, seus auxiliares e quem é consagrado se importam e investigam para consagrar servos dignos e justos.

Quando, depois dessa apresentação, os eleitos eram considerados dignos, então seguia-se um sermão incisivo dirigido a eles e a toda a igreja sobre o serviço na igreja, abordando como os consagrados a esse serviço devem portar-se em relação à comunidade, e como esta deve fazer em relação a eles. Depois seguiam-se a oração compenetrada, a oferta aos necessitados e a santa ceia. Então, por imposição de mãos, os eleitos eram incumbidos, consolados e encorajados a realizar esse serviço, como se fosse feito diante do Senhor, e por ele e pelo Espírito Santo.

Essa prática da igreja tem sua origem no costume dos apóstolos, apontando para a oitava e a quarta citações. Ela foi fielmente mantida enquanto a igreja era liderada por bispos verdadeiros, como lemos nos pais da igreja.

Lamentavelmente, os papistas fizeram disso tudo um cerimonial inútil e idólatra. Também entre nós, que já assimilamos um pouco a Reforma, essa seriedade e essa dedicação na eleição e na instalação de presbíteros na igreja ainda estão distantes da seriedade e da dedicação dos apóstolos e da igreja antiga. Por isso, não causa admiração que, em toda parte, ainda haja muitas e grandes necessidades quanto ao serviço da igreja. O Senhor nos queira conceder que, um dia, possamos reconhecer bem essas deficiências e superá-las com seriedade! De fato, temos grande urgência disso, se não quisermos chegar ao ponto de o Senhor também retirar de nós seu reino para dá-lo a um povo que lhe dê frutos.

6. Quais são a obra e a tarefa dos **nobres** na cura da alma e dos servos da **igreja** no rebanho de **Cristo** como um todo e em relação a cada indivíduo

Os incumbidos da cura da alma e do pastoreio nas igrejas devem servir ao nosso Senhor Jesus, o supremo pastor e bispo de nossas almas, dedicando-se aos seus cordeirinhos. Em outras palavras, devem servir a todos os eleitos para a vida eterna de tal maneira que, por seu serviço, a esses cordeirinhos seja demonstrado e feito tudo aquilo que o Senhor prometeu em seu pastoreio. Agora, o mesmo é previsto e confirmado pela palavra de Deus aos cordeirinhos de Cristo que ainda serão trazidos ao seu rebanho e ao seu aprisco. Aqueles que já estão reunidos no rebanho e no aprisco devem ser mantidos nele.

Aqueles que acabaram por se desviar devem ser reconduzidos. Os que estão no rebanho devem ser preservados de vícios e fragilidades. Quando caírem, devem ser reerguidos. Enfim, que não sejam privados de nada necessário para que possam crescer e se aperfeiçoar continuamente na bem-aventurança!

Disso podemos deduzir que a função do pastoreio e a verdadeira cura da alma englobam primordialmente cinco tarefas. A primeira: conduzir a Cristo, nosso Senhor, e à sua comunidade, aqueles que ainda estão alienados dele, seja por causa de abusos carnais, seja por causa de idolatria. A segunda tarefa é reconduzir aqueles que uma vez já foram trazidos a Cristo e à sua igreja, mas que foram desviados por negócios mundanos ou doutrinas falsas. Em terceiro lugar, ajudar a reerguer aqueles que estão na igreja de Cristo, mas caíram e pecaram gravemente, a fim de serem verdadeiramente restaurados. Em quarto lugar, curar e fortalecer para o vero agir cristão aqueles que estão na comunidade sem faltas visíveis e grosseiras, mas que têm uma vivência cristã frágil e doentia. E, em quinto lugar, preservar de escândalos e apostasia, bem como encorajar para fazerem todo bem, aqueles que pertencem ao rebanho e ao aprisco de Cristo sem pecar visivelmente e que não são frágeis ou doentios na vivência cristã. O Senhor sintetizou essas cinco tarefas de cura da alma e de pastoreio na parábola do pastoreio em Ezequiel 34.11ss, passagem na qual lemos: *Eu mesmo procurarei as minhas ovelhas [...] buscarei as ovelhas dispersas [...] cuidarei da que está ferida, fortalecerei a fraca [...] também protegerei e apascentarei minhas ovelhas sãs e fortes.*

As ovelhas perdidas são todas as pessoas a quem Deus elegeu para seu reino, mas que ainda não conhecem a Cristo, nosso Senhor, e estão longe de sua igreja, tenham elas sido batizadas na infância, na igreja, ou não. Para alguns, essa alienação do rebanho de Cristo e de seu caminho advém do fato de se terem envolvido em negócios mundanos, de tal modo que não se importam com Deus e com seu reino. Quando convidados para o casamento e para o grande banquete de Cristo, eles dizem que têm outras coisas para fazer: um, que comprou um campo; outro, que tem outra tarefa; o terceiro, que acabou de se casar. Para alguns, o motivo da alienação é o falso culto a Deus, como sucede com os judeus, os turcos e todos os sectários.

As ovelhas dispersas e rejeitadas são aquelas que pertenceram ao rebanho de Cristo e à vida cristã, mas que a abandonaram, não a ponto de abandonarem a Cristo e se perderem totalmente. Pois os que se desviam totalmente acabam blasfemando contra o Espírito Santo. Em outras palavras, recusam a oferta e a dádiva da graça e do poder de Deus, que lhes foram oferecidos e comunicados. Esses nem mesmo se deixam reconduzir, como testemunha o sexto capítulo de Hebreus, e jamais pertenceram às ovelhinhas de Cristo, ainda que provenham de nosso meio (cf. 1Jo 2.18-19).

Mas alguns dos que foram desviados, seduzidos ou rejeitados do rebanho de Cristo continuam a pertencer verdadeiramente a Cristo. Eles preservam Cristo em seus corações, mas, movidos por negócios carnais e mundanos, se desviaram temporariamente e se alienaram da comunidade de Cristo em todos os aspectos, andando completamente perdidos.

As ovelhas feridas e fragilizadas são todas aquelas que querem permanecer na comunhão com Cristo, mas, interiormente, estão machucadas e feridas. Por exemplo, uma habilidade espiritual delas é destruída e quebrada, seja uma virtude, seja um dom de Deus para fazer algo bem e corretamente. É como Paulo designa os vícios de nossa natureza terrena, ou seja, como nosso velho Adão. Em Colossenses 3 ele enumera as habilidades, virtudes e capacidades para vivermos bem e de maneira cristã, segundo nossa natureza celeste e a natureza do novo Adão. Adoecemos quando alguma parte ou algum membro do homem celestial interior é machucado, confundido, destruído ou quebrado por grave queda e pecado.

Portanto, isso se dá com todo abandono e desprezo da verdade de Cristo, como aconteceu com Pedro entre os gálatas quando a fé, a cabeça do homem interior, foi ferida. O mesmo se dá com todos os ferimentos graves causados ao próximo pela falta de amor, machucando-o no coração e no peito de seu homem interior. Assim, os coríntios foram machucados quando agiam injustamente e violavam-se mutuamente, processando-se uns aos outros diante dos pagãos, além de gerarem separações e divisões entre si. O mesmo se dá com toda imoralidade grosseira, pela qual a santidade e a honradez – ou seja, o sangue e a face do Adão celestial – são contaminadas, desfiguradas e tornadas abomináveis. Isso, Paulo também lamenta em alguns coríntios (Cf. 2Co 7 e 8).

Como todas as virtudes são comparáveis a membros e partes do homem interior, esses membros espirituais sempre são machucados, feridos e quebrados quando os cristãos os maltratam com pensamentos, palavras e ações, ou pela omissão de bons pensamentos, palavras e atitudes. Mesmo que apenas um membro seja ferido, se não for tratado com urgência, todo o corpo se arruinará por causa dele.

As ovelhas doentes e fracas são aquelas que também querem permanecer na igreja e que não têm vícios grosseiros, nem cometem maldades perceptíveis, mas se tornam fracas na fé, no amor e em todas as virtudes da vida cristã. São aquelas que desanimam quando sua natureza é contrariada. São lentas e lerdas em ajudar o próximo, descuidadas na disciplina e equivocadas na compreensão correta. Também estão enfermos aqueles que têm febre, ou seja, os que têm motivações equivocadas, geradas pelo apego a anseios e desejos maliciosos. Os que cultivam raiva, inveja, ciúme e vícios por prazeres carnais; os que são acalorados ou demonstram frieza indevida e, por isso, adoecem e se fragilizam na vivência cristã.

As ovelhas gordas e saudáveis são os cristãos sinceros, que conduzem bem sua vida cristã e se mantêm firmes nela.

O serviço na igreja deve ser tão amplo justamente para que toda ovelha perdida seja procurada e trazida ao aprisco de Cristo. Também deve ser reconduzida aquela que, uma vez, foi trazida a Cristo e ao seu aprisco, mas dele se desviou ou foi excluída. A ferida deve ser tratada; a viciada e fragilizada, fortalecida; e as gordas e fortes, bem preservadas e pastoreadas. Em vista disso, queremos, a seguir, citar passagens bíblicas e refletir sobre todas essas cinco tarefas de cura da alma.

7. Como buscar as **ovelhas perdidas**

Lucas 14.21b-23
Então, o dono da casa irou-se e disse ao seu servo: "Saia rapidamente para as ruas e os becos da cidade, e traga os pobres, os aleijados, os mancos e os cegos". E o servo disse: "Senhor, isso foi feito, mas ainda há lugar". Então, o Senhor disse ao servo: "Vá pelas estradas e pelas cercas, e insista com eles para entrar, para que a minha casa fique cheia".

> Os servos de Cristo não devem desistir de convidar toda pessoa para a comunhão de Cristo, inclusive devem insistir com elas.

João 10.16
Tenho outras ovelhas, que não são deste aprisco, as quais devo conduzir também. Elas ouvirão a minha voz, e haverá um só rebanho e um só pastor.

Marcos 16.15
Vão pelo mundo todo e preguem o evangelho a toda criatura.

> Procurem todas as ovelhas que o Senhor quer conduzir ao seu rebanho e elas ouvirão a sua voz. Por isso deve-se levar a voz do Senhor a todas estas ovelhas.

1Timóteo 2.4
Deus quer que todas as pessoas sejam salvas e cheguem ao conhecimento da verdade.

Para cada um chegar ao conhecimento da verdade o evangelho deve ser pregado a todos.

Dessas passagens, devemos aprender três lições. A primeira é que aqueles incumbidos do serviço de Cristo em sua igreja, antes de tudo, devem conduzir todas as pessoas ao conhecimento de Cristo. A segunda lição é que devem fazer isso com grande dedicação e insistência perseverante. A terceira, que as ovelhas perdidas somente estarão resgatadas quando se virem reunidas no aprisco, ou seja, quando forem integradas à comunhão de todos da igreja e estiverem totalmente submissas a Cristo, seu pastor.

A primeira lição é que os verdadeiros curadores da alma e fiéis servos de Cristo, em lugar algum, deixam de anunciar a palavra a qualquer pessoa. Pelo contrário, acima de tudo, eles devem procurar, com dedicação, toda pessoa a que tiveram algum acesso, conduzindo-a a Cristo, nosso Senhor, testemunhando e ensinando. Não apenas as passagens aqui citadas nos ensinam isso, como também o fazem todos os profetas e os ensinamentos do reino de Cristo que temos na Escritura. O Pai concedeu a Cristo todo o poder sobre toda a humanidade, para dominar todas as coisas no céu e na terra. Diante dele, deve dobrar-se todo joelho, e toda língua deve honrar e louvar o Senhor. Ele reinará até os confins da terra e todos os povos serão sua herança.

Todas as pessoas devem reconhecer a Cristo como o seu Senhor, por isso seu reino deve ser anunciado e oferecido a todos os povos.

Mas, lamentavelmente, nem todos foram eleitos para isso e muitos desprezam a salvação que o Senhor lhes oferece. Vemos isso na parábola mencionada, que indica que nenhum dos convidados provaria do banquete do Senhor. No entanto, ele não nos revela o segredo de sua eleição. Pelo contrário, ordena-nos a ir ao mundo inteiro, a fim de anunciar seu evangelho a todas as criaturas. Ele diz expressamente: *a todo mundo e a todas as criaturas!* Isso deve bastar-nos como motivação, a fim de que convidemos para a vida eterna todas as pessoas que Deus criou e que são suas criaturas. Por isso, o Senhor emprega a expressão genérica "todas as criaturas". Na parábola, o Senhor não manda convidar apenas os cidadãos e habitantes da cidade para seu banquete, pois ordena ao seu servo: "Saia rapidamente para as ruas e os becos, e traga os pobres, os aleijados, os mancos e os cegos". E, mais adiante: "Vá pelas estradas e pelas cercas, e insista com eles para entrar". Por meio disso, o Senhor nos ensina que seus servos devem guiar, sim, e até mesmo conduzir e insistir, levando à sua igreja e à comunhão plena de sua salvação quem quer que encontrem, não importando quão miseráveis e depravados sejam.

Quando buscados com dedicação e convidados com insistência para virem a Cristo, os que não foram eleitos e não pertencem às ovelhas de Cristo revelarão por si mesmos que desprezam e rejeitam a salvação, como os judeus fizeram quando o Senhor lhes disse, em João 5.26: "Mas vós não credes em mim, porque não sois minhas ovelhas". Quando, porém, alguém que foi buscado e convidado com dedicação despreza o reino de Cristo e até mesmo o persegue, então temos a ordem do Senhor de tirar o pó das sandálias, entregando-o ao juízo divino, a fim de não darmos a salvação aos cães, nem lançarmos pérolas aos porcos.

Mas, antes de chegar a essa atitude, enquanto essas pessoas e criaturas de Deus não se revelarem cães que atacam a todos que os convidam para o Reino dos Céus e que querem ajudá-los a alcançar a bem-aventurança, os servos fiéis de Cristo não devem desistir levianamente de ninguém. Jamais podemos desistir antes de se portarem como porcos que desprezam ainda mais a pérola do santo evangelho e a pisam com suas patas, quando este lhes é apresentado com mais nobreza e esmero. Por isso devemos acolher essa perseverança no coração e levar em conta o ensino que mostra com a mesma fidelidade, seriedade e dedicação com que o Senhor buscou suas ovelhinhas. Ele quer que as busquemos por onde estiverem dispersas, com a mesma seriedade e a mesma dedicação, dispostos a nos tornar tudo para todos, como fez o amado Paulo. Sim, até mesmo entregando a própria vida para encontrar e conquistar as ovelhinhas perdidas, como o Senhor mesmo fez.

O Senhor quer que seus servos não se cansem nem desistam até conduzir alguém a ele, a ponto de sua seriedade e sua persistência serem vistas como insistência. Insista que entrem, diz o Senhor na parábola. Não que alguém possa ser coagido a vir a Cristo contra sua vontade. No entanto, devemos insistir junto às pessoas, até que se torne uma insistência e uma luta contra a natureza maligna, pois, ao conduzir alguém a Cristo, o Espírito contraria a carne.

A terceira lição a ser aprendida nas passagens citadas é a meta e a finalidade dessa busca e dessa condução das ovelhinhas de Cristo. O propósito é que elas entrem no aprisco de Cristo e se rendam completamente a seus cuidados e pastoreio, ouvindo sua voz em todos os assuntos e fazendo todas as coisas que o Senhor ordenou para a salvação de suas ovelhas: ensino, admoestação, advertência, disciplina, amparo e consolo na comunidade, oferecidos pela palavra e pelos santos sacramentos, pela oração e pelo louvor na comunidade, como pelo cuidado com os pobres. Em resumo, apenas na comunhão com Cristo e na comunhão de todos os que pertencem a Cristo, recebe-se a salvação de Cristo.

Portanto, o Senhor quer conduzir suas ovelhas perdidas ao seu rebanho e aprisco, a fim de que haja um só rebanho e um só aprisco. Assim, os que servem ao Senhor, buscando e trazendo suas ovelhinhas perdidas, devem aplicar a dedicação e o trabalho de seu serviço a essas ovelhinhas perdidas. Os servos não devem sossegar antes de alcançar que as pessoas pertençam totalmente ao rebanho e ao aprisco de Cristo. Até que as pessoas, contrariando sua própria vontade, obedeçam à voz de seu pastor e a sigam em todas as coisas, cientes de tudo mais que o Senhor instruiu e ordenou à sua comunidade – o aprisco e a pastagem da vida eterna.

Disso tudo, podemos concluir, em primeiro lugar, que, por Cristo habitar em todos os cristãos, todos eles são membros e instrumentos de Cristo. Cada um, conforme sua vocação e capacidade, ou seja, na medida em que Cristo habita em sua vida, lhe servirá acima de tudo e com seu melhor empenho. E eles fazem isso com o propósito de que as ovelhas perdidas sejam buscadas com fidelidade e conduzidas à comunhão de suas igrejas. Por isso, todos nós oramos em primeiro lugar: "Venha o teu reino".

Em segundo lugar, conclui-se que, ao lhes submeter todas as almas, as poderosas autoridades civis também foram constituídas pelo Senhor como pastores e líderes de suas ovelhinhas na terra. Por isso, elas também são responsáveis por promover, prioritária e preferencialmente, com todo o seu poder e toda a sua capacidade, que as ovelhinhas do Senhor que ainda se encontram perdidas e dispersas sejam procuradas com afinco e reunidas junto a ele. Essas autoridades são deuses e cristos diante de todas as outras pessoas, e sobre todas elas, pois devem realizar a obra de Deus e de Cristo, que consiste em procurar e salvar sempre aquele que está perdido. Devem comprovar e fazer isso antes e acima de tudo.

Não é necessário que eles próprios preguem a palavra, distribuam os sacramentos e apliquem a disciplina da igreja, pois esse é um serviço e uma função específica das igrejas, como já explicamos. Mas, como exercem maior poder sobre todas as pessoas, essas autoridades civis, acima de tudo, devem zelar para que cada um viva bem e condignamente, exercendo, de forma adequada, sua função. Por isso, todas as autoridades são verdadeiramente responsáveis em também promover, acima de tudo, que ninguém que viva sob seus cuidados deixe de ser procurado e conduzido a Cristo com fidelidade. Porque jamais alguém será feliz e bem-aventurado, a não ser que seja uma ovelha de Cristo e esteja em seu aprisco. Somente ali encontram-se o cuidado e a pastagem da vida eterna.

> As *autoridades civis não devem apropriar-se do anúncio da palavra, da distribuição dos sacramentos e da aplicação da disciplina eclesiástica.*

Os governantes realizarão bem essa tarefa quando seguirem o exemplo dos bem-aventurados antigos príncipes e líderes que governavam com bem-aventurança, tanto entre o povo de Israel como entre os piedosos cristãos antigos. Então, zelarão pelos serviços na igreja e pela cura da alma de tal maneira que as igrejas permanecerão ilesas dos lobos e não serão oneradas por ladrões. Pelo contrário, cuidarão que servos fiéis e dedicados atendam ao pastoreio e à cura da alma com toda a fidelidade e de modo adequado. Além disso, devem atender às escolas e disciplinar toda a juventude, encaminhando e encorajando-os à sã doutrina e à bem-aventurança. E, por fim, em terceiro lugar, devem zelar que ninguém despreze, impeça ou se aproprie desse serviço da salvação prestado a velhos e jovens, seja por doutrinas falsas, seja por luxúria ou outras leviandades.

Ainda dispomos da lei dos antigos imperadores, que não permitem a ninguém, em lugar algum, introduzir falsos ensinamentos e divisões na comunhão de Cristo, nem publicamente no serviço eclesiástico, nem em conventículos e grupinhos de pessoas. Também não admitem que alguém que se chama pelo nome de Cristo se abstenha da comunhão da igreja e dos sacramentos. Pois a quem não persevera na comunhão de Cristo, essas leis condenam como apóstata, não admitindo que ocupe funções honestas e honradas. E, aos que seguem seitas separatistas, elas penalizam à miséria, com multas e outros castigos onerosos.

> *As autoridades civis devem incumbir servos fiéis, que ensinam e disciplinam a juventude, que não permitem, nem a si mesmos e nem a outros, afastar-se da sã doutrina e da comunhão de Cristo.*

E Agostinho elogia e defende essas leis imperiais diante do grisalho capitão imperial Bonifácio e em outras passagens, considerando-as cristãs e salutares. Ele argumenta, com a Escritura, que os reis e as autoridades servem ao Senhor com seu cargo quando proíbem e punem com severidade agradável a Deus as coisas que contrariam a vontade divina. Da mesma forma, devem zelar com seriedade ainda maior que as almas se apeguem a Cristo, seu cônjuge, como as mulheres em relação aos seus maridos, pois o abandono de Deus deve ser castigado com mais severidade do que o abandono de um ser humano. E que se deve insistir e novamente conduzir com maior seriedade os apóstatas ao Senhor do que uma mulher ao seu marido ou uma pessoa endividada foragida de seu credor. Também, quando acontece involuntariamente, a apostasia não pode deixar de ser castigada, ainda que de forma mais branda. Agostinho também relata que muitas pessoas extraviadas foram reconduzidas à igreja e à comunhão cristã por essa severidade dos imperadores. Por isso considera que essa condução insistente do erro para a verdade, das seitas para a comunhão de Cristo, é a insistência da qual o Senhor fala na parábola mencionada, do grande banquete (Lucas 14).

Mas ninguém precisa temer essa insistência, pois, com isso, Agostinho não quis ensinar que alguém devesse ser coagido a crer, como se costuma contrapor a esse ensinamento. Ele sabia que ninguém pode crer ou fazer algo de bom contrariando sua vontade. Por isso rejeitava os fingidos, que dizem crer com sua boca, enquanto seu coração está sem fé. Pois o bom mestre entendeu que o Deus bondoso concede sua graça e crescimento ao castigo imposto com severidade. Ele faz com que as pessoas abandonem paixões e desejos devassos pela sã doutrina, para, em seguida, chegar a fazer de coração o bem, depois também acolhendo as outras palavras e obras que Deus ordenou para o bem das pessoas.

Pois nosso Deus misericordioso e Pai fiel usa coisas amargas e doces para nos ajudar. Muitas pessoas, frequentemente, sofrem grande abuso e pesada injustiça em outras coisas e são conduzidas a sentir prazer e a amar a disciplina e a prática do bem. Quando esses malfeitores são castigados com firmeza e seriedade pelas autoridades por causa de sua imoralidade e injustiça, impede-se sua arbitrariedade com uso de força. Assim o experimentou o piedoso bispo e fiel curador da alma Agostinho com milhares de pessoas que foram reconduzidas, pelos castigos do imperador, da seita dos donatistas para a verdadeira comunhão com Cristo. Experimentou que, pelo castigo e pela insistência firme, o bom Deus fez as pessoas sentirem as doutrinas falsas, o sectarismo e todo desprezo da verdadeira religião. Em primeiro lugar, ele as levou a ouvir a sã doutrina e a não seduzir nem irritar as demais pessoas. E, então, o Senhor lhes deu, pelo ensino, seu Espírito, libertando-as das heresias e fazendo com que se dedicassem com prazer à verdade.

Quando isso não acontece, e essas pessoas equivocadas, movidas por seu amor-próprio, continuam a desprezar a presença de Cristo no próximo descaradamente, insistindo no erro, então, somos inocentados de culpa em relação a elas quando insistimos no uso de castigo severo e não deixamos de fazer nada que Deus ordenou. Como esse mal é mais prejudicial e pernicioso, Deus ordenou que todo abandono e toda hostilização da religião devem ser enfrentados mais rigorosamente com castigo e punição exteriores. Pois as autoridades devem impor temor a todas as obras más, especialmente àquelas que são as piores (Dt 27; Rm 8 e 1Tm 1).

Esse não é um conselho insignificante, pois, quando se lida tão seriamente com pessoas tão equivocadas, evita-se que cheguem a contaminar os outros com seus erros. Sempre é melhor que apenas uma pessoa esteja envolvida neles do que outras também acabem sendo envolvidas.

Não é válida a opinião – com a qual alguns sonham – de que as autoridades deveriam deixar seus súditos escolher se querem ou não seguir a Cristo. Elas foram dadas pelo Pai celeste a Cristo, foram criadas e nasceram para ele. Elas vivem e usufruem de tudo apenas por meio dele. Aceita-se como legítimo que uma autoridade constituída recorra à força para obrigar um escravo[1] a permanecer com seu Senhor e lhe servir

---

[1] O termo alemão *Leibeigener* descreve sujeição dos camponeses aos proprietários de terras. [N. T.]

fielmente, ainda que ninguém consiga ser fiel contra sua vontade, pois a imposição jamais lhe incute fidelidade. Porque, então – se todo poder pertence a Cristo –, não seria possível insistir e forçar as pessoas, na medida em que o Senhor concede que permaneçam com Cristo e sirvam a ele. Ainda que tal insistência seja abusada pelos anticristos para a perdição, isso não faz com que ela não possa ser, por si só, uma boa obra e um dom divino quando usada corretamente para o reino de Cristo.

> No santo batismo, as pessoas são renascidas como corpo e alma de Cristo, as autoridades cristãs não lhes devem conceder a escolha de esquivar-se do jugo da igreja.

Obviamente, não se deve coagir ninguém a dizer que crê quando não crê; muito menos, como o papa faz, a participar da mesa do Senhor quando não deseja fazê-lo. Mas também não se pode permitir que alguém entre os cristãos, que renasceu e foi batizado em Cristo, não queira ouvir os ensinamentos de seu Cristo e prefira viver contrariando-os e blasfemando-os publicamente.

Como o desprezo de Cristo é a pior e mais deplorável perversão para os cristãos, que unicamente prezam e honram a bem-aventurança, os verdadeiros cristãos terão pouco prazer em todos aqueles que, na busca de vantagem própria, querem seduzi-los a desprezar a preciosa e bem-aventurada comunhão de Cristo nos santos sacramentos e nas demais práticas eclesiásticas. Pelo contrário, os cristãos realmente desprezam os que se esquivam dos sacramentos, com o propósito de levar os infiéis a abandonar seu propósito de vida anticristã. Não é possível dispensar alguém dos sacramentos quando se quer viver de forma cristã, pois

Cristo ordenou a todos os cristãos que participem do santo sacramento.

> Entre os cristãos, os que desprezam a Cristo não devem receber honrarias.

Como os cristãos devem incumbir as pessoas mais cristãs a governar, não lhes compete eleger alguém como autoridade que não esteja integrado à comunhão da igreja em todas as coisas, como ordenam as leis imperiais.

Se, no entanto, algum descrente quiser infiltrar-se, participando simuladamente dos sacramentos, deverá reconhecer-se o lobo em pele de ovelha por seus frutos. Ninguém consegue simular o verdadeiro temor a Deus e a piedade com meras aparências.

Os cristãos, que eles desprezam; porém, não temem os que desprezam o Senhor. Pelo contrário, eles honram os que temem a Deus, como canta o Salmo 15. Seu governo se expressa como canta o Salmo 101.6-8: *Meus olhos procuram os fiéis na terra, para que habitem comigo. Tenho prazer nos servos fiéis. Não tolero doutrinas falsas na minha casa. Os mentirosos não prosperam comigo. Logo destruirei todos os infiéis na terra e eliminarei todos os malfeitores da casa do Senhor.* Por isso, que cada infiltrado finja e se disfarce quanto puder! A essa falsa consagração, porém, falta a bem-aventurança. Mas, mesmo assim, ela expulsa toda infidelidade a Deus, não do coração, mas de suas bocas, de modo a não prejudicar os demais. Agostinho ensina bem e detalhadamente isso na passagem já mencionada, bem como em outras. Eu apenas o quis mencionar aqui brevemente para que ninguém se escandalize no fato de esse douto e divinamente sábio bispo recomendar às autoridades punir e coagir com insistência a participar da religião. Ele referia-se à insistência do evangelho para conduzir ao reino de Cristo requerida dos líderes e governantes que o seguem.

Agora retornaremos ao nosso tema anterior. Já mostramos que as autoridades devem zelar para que todos os seus liderados renasçam em Cristo e se submetam ao batismo, de modo que cada um busque, viva e promova verdadeiramente a bem-aventurança. Então, o Deus amoroso certamente também os guiará, capacitando suas mãos a buscar os dispersos. Poderão conduzir a Cristo aqueles que, por seu nascimento, bem como por sua educação, estão alienados de Cristo, nosso Senhor, como os judeus, os turcos e outros pagãos. Sim, eles se empenharão nisso se amarem o reino de Cristo tanto quanto amam e gostam de ampliar seus reinos temporais.

Lamentavelmente, vemos como se buscam os países e os bens dos judeus, turcos e de outros pagãos, mas percebe-se pouca seriedade quanto a conduzir suas almas a Cristo, nosso Senhor. Observa-se isso não apenas nos líderes estabelecidos como governantes seculares, mas também nos pretensos líderes eclesiásticos.

Quando, em tempos passados, os moscovitas queriam integrar a comunhão geral da igreja, o papa os afugentou pela imposição de pagamentos excessivos. Como não conseguiu receber a lã daquelas ovelhinhas, também não se importou com elas.

Por isso o juízo de Deus é justo. Como não buscamos ganhar judeus, turcos e outros pagãos para Cristo, mas tão somente almejamos privá-los de seus bens e domínios temporais, Deus permite que eles nos roubem os bens e domínios temporais. Assim, os judeus exploram os cristãos pobres com sua admirável agiotagem e, diariamente, os turcos conquistam terras e pessoas com violência e ações horripilantes.

Da mesma forma, encontra-se pesado juízo de Deus quando se descobrem e conquistam novas terras e ilhas. Disso, faz-se grande alarde, como se, com isso, a cristandade fosse ampliada grandemente. Com isso, porém, não se conseguiu nada além de, em primeiro lugar, privar essa pobre gente de suas vidas e de seus bens; e, em segundo lugar, roubar-lhes também a alma, pela fé falsificada que lhes é ensinada pelos monges mendicantes.

Eu ouvi João Glappion, confessor do rei dos maias,[2] lamentar, diante de um público seleto, que, nas terras recém-descobertas, os espanhóis obrigam pobres pessoas a procurar para eles ouro e outras coisas. Violentaram e maltrataram-nos a ponto de eles se suicidarem, por não conseguirem mais suportar esses trabalhos e maus-tratos. Além disso, deve considerar-se o prejuízo que isso também traz para nós: quanta gente valiosa é empregada nessa navegação, pensando em grandes conquistas! Mas essas pessoas apenas obtêm coisas e desejos materiais, guerras horríveis, luxúria e orgulho, iludindo o povo simples. Pois, por meio desses empreendimentos, alguns poucos se apropriam com suas mãos de todos os bens do mundo para, depois, fazer o que bem entendem. Tratam os outros de tal forma que mal podem adquirir pão seco com seu trabalho amargo. E ousam chamar isso de multiplicar a cristandade! Que Deus conceda

---

[2] Existe pouca informação disponível sobre João Glappion. Aparentemente, ele não foi uma figura de tanta proeminência, que justificasse maior registro histórico. É sabido que Bucer tentou dissuadir Lutero de comparecer à Dieta de Worms, ocorrida em 1526. A tentativa de impedi-lo veio após uma conversa de seis horas com João Glappion. Era o confessor quem queria, inicialmente, convencer Lutero a não comparecer ao julgamento presidido por Carlos V.
O que consta na *Theologische Realenzyklopädie* sobre Glappion é apenas relacionado ao próprio Bucer e a Carlos V, chamado por Bucer como "rei dos maias", já que era o rei da Espanha e, portanto, de toda a América espanhola recém-descoberta. É possível que a forma que Bucer faz referência ao rei seja com intenção jocosa, no original, expressa em latim: *Rei Maie*. [N. E.]

a nossos príncipes e autoridades o bom senso e a vontade de verdadeiramente ampliar e melhorar a cristandade!

> As pessoas nas terras recém-descobertas são tratadas tão desumanamente que elas se suicidam.

Finalizo esta reflexão sobre a busca das ovelhinhas perdidas de Cristo, esquecidas tanto pelos cristãos comuns como por sua liderança. Os presbíteros da igreja devem empenhar-se continuamente nessa busca. Se o Senhor não lhes deu vocação e ordem apostólica para irem a povos desconhecidos, deverão buscar os perdidos nas igrejas nas quais o Espírito Santo os constituiu bispos e supervisores. Não devem abandonar ninguém que deixou de participar da comunidade de Cristo, mas, sim, empenhar-se com cada um deles com tudo que Deus colocou à disposição, a fim de reconduzir o extraviado à comunhão plena de Cristo.

Antes de tudo, os presbíteros devem essa dedicação aos que foram batizados no nome de Cristo. Não podem deixar nenhum deles para trás, sem se tornar deveras culpados diante de Cristo, nosso Senhor. Pois eles foram entregues e integrados a Cristo no batismo para que fossem educados e fortalecidos sempre mais para a vida de Cristo pelo serviço da igreja. Por isso, os servos de Cristo deverão prestar contas a Deus e a Cristo, nosso Senhor, se abandonarem tais pessoas batizadas. Somente não serão responsabilizados se, ao final, ficar evidente que eles são cães e porcos. Em outras palavras, que são oponentes que desprezam tanto a Cristo que não se consegue ajudá-los mais com a Palavra de Deus. As ovelhas perturbadas e perdidas, que não foram buscadas, certamente vão sucumbir em sua própria existência impiedosa, como Deus diz por intermédio do profeta Ezequiel. Porém, o Senhor exigirá seu sangue das mãos daqueles, em sua igreja, a quem havia ordenado buscar e chamar ao arrependimento e à graça de Cristo. Certamente, o Senhor rejeitará, com grande terror, tais pastores relapsos e infiéis: *Vós não procurastes a ovelha perdida!*

Assim, Cristo, nosso único e verdadeiro bom pastor, conceda que sua comunidade sempre receba e seja atendida por presbíteros fiéis e dedicados. Presbíteros que não desistem de pessoa alguma, nem de judeus, nem de turcos e nem dos demais descrentes a quem possam ter acesso, a fim de trazer completamente a Cristo todos os que, entre eles, pertencem a Cristo. Mas eles devem trabalhar com especial temor a Deus para reconduzir ao aprisco e à pastagem de Cristo todos que foram batizados e que acabaram ficando totalmente alienados de Cristo, seduzidos ou confundidos por alguma religião falsa ou pela luxúria carnal.

Isso é o bastante quanto à primeira obra do pastoreio e de cura da alma, a saber, quanto a procurar e conduzir as ovelhas perdidas ao rebanho e ao aprisco de Cristo.

8. Como as **ovelhas** desviadas devem ser **resgatadas**

Lucas 15.4-6
Qual pessoa entre vós que possui cem ovelhas e, se perder uma, não deixa as noventa e nove no deserto e vai atrás da ovelha perdida, até encontrá-la? E, quando a encontra, coloca-a nos ombros com alegria. Ao chegar em casa, chama seus amigos e vizinhos, e diz: "Alegrem-se comigo, pois encontrei minha ovelha que estava perdida".

> Os servos fiéis de Cristo devem procurar sem desistir as suas ovelhinhas perdidas até encontrá-las e, depois, reconduzi-las com toda alegria.

Gálatas 4.19-20
Meus filhos queridos, os quais estou parindo de novo com temores, até que Cristo seja formado em vós. Mas eu queria estar convosco agora e mudar meu tom de voz.

2 Timóteo 2.24-26
Mas um servo do Senhor não deve ser briguento, e, sim, cordial para com todos, capaz de ensinar e de suportar os maus com

mansidão e de corrigir os que se opõem, a fim de que Deus lhes conceda o arrependimento para conhecerem a verdade e, assim, voltarem a ficar sóbrios, livres dos laços do diabo, que os prendem à vontade dele.

Já descrevemos anteriormente quem são as ovelhas dispersas e rejeitadas, a saber, aquelas que se afastaram do rebanho e do aprisco de Cristo, e que são procuradas justamente por já terem pertencido ao seu rebanho e aprisco. Isso sucede com algumas ovelhas por meio de ensinamentos e religião falsos, como aconteceu com os gálatas. Eles foram desviados da verdadeira fé e da comunhão de Cristo para a subserviência à lei, nos aspectos precários e fracos das cerimônias mosaicas, e para o sectarismo dos falsos apóstolos. Outros são desviados por amarem o mundo, como Paulo, em 2Timóteo 4.10, lamenta a respeito de Demas, que o havia abandonado por ter voltado a amar o mundo. Isso também sucedeu com João Marcos, quando se afastou sorrateiramente de Paulo e Barnabé (At 13.13).

Essas duas modalidades de se desviar ocorrem de duas formas. Diante do rebanho de Cristo, alguns fazem de conta que não se afastaram de Cristo, nosso Senhor. Outros, no entanto, se afastam de tal modo que se alienam completamente do Senhor. Esses se afastam de nós porque, como escreve João em 1João 2.19, jamais foram verdadeiramente dos nossos, nem se renderam completamente a Cristo, nosso Senhor. Eles eram daqueles entre os quais Paulo escreve aos filipenses (Fp 3.18-19): *Há muitos que vivem, como já lhes disse várias vezes, mas agora repito chorando, como inimigos da cruz de Cristo. O destino deles é a perdição, o estômago é seu deus e a honra daqueles que só pensam em coisas terrenas é a vergonha.* Assim também eram as viúvas indecentes sobre as quais o apóstolo escreve em 1Timóteo 5.15: *Pois algumas já se desviaram para seguir a satanás*.

Porém, não podemos saber de imediato quem são os que se desviaram da igreja de Cristo a ponto de se alienar completa e definitivamente de Cristo, nosso Senhor. Por isso, devemos empenhar-nos com dedicação a reconduzir todos que se separaram da comunidade de Deus, seja por meio de ensinamentos ou religião falsos, seja pela luxúria mundana e carnal. Não podemos deixar de tentar tudo, até podermos levá-los em nossos ombros de volta às ovelhas de Cristo e à plena comunhão com o Senhor.

O mesmo empenho dispensado às ovelhas perdidas também deve ser dispensado às desviadas. Simplesmente devemos empenhar-nos em reconduzir, com toda a seriedade e com todo o empenho, todos que vemos separar-se do rebanho de Cristo. Também devemos insistir por muito tempo, até que essas ovelhas voltem ao aprisco de Cristo. Ou seja, até que usufruam da verdadeira e plena comunhão de Cristo. Todas as três passagens anteriormente citadas, além de outras mais, expressam e testemunham isso muito bem.

Pois, tão logo uma única ovelha do rebanho se desviar, a primeira citação nos ensina a abandonar as outras noventa e nove para buscar e procurar a ovelha perdida, pelo tempo que for necessário, até encontrá-la. Depois, devemos colocá-la em nossos ombros e carregá-la de volta ao rebanho com grande desejo e intensa alegria. Isso significa que, para essas ovelhas desviadas, devemos tornar-nos tudo, suportando e sofrendo tudo da parte delas e por causa delas. Também devemos evitar que se isolem, até se integrarem na verdadeira e plena comunhão da igreja, na pastagem e no aprisco de Cristo, na igreja. Não devemos deixar de tentar absolutamente nada que ajude a conduzir a Cristo alguém que jamais ouviu falar dele, como já demonstramos. Quanto mais devemos, então, aplicar inteiramente empenho, esforço e trabalho para reconduzir a Cristo aqueles que uma vez o conheceram e ainda lhe pertencem? Por isso essas pessoas nos são recomendadas de modo tão especial.

Sim, aqui é preciso dedicar empenho, seriedade e temor intenso, o qual se assemelha ao temor do trabalho de parto. Disso, Paulo nos dá seu exemplo, como expressa a segunda citação. Pois o que uma mulher em trabalho de parto pode desejar mais? O que ela teme mais e pelo que se esforça mais do que pelo fato de a criança nascer saudável? Veja que esses empenho, seriedade, temor, sofrimento e trabalho são necessários para fazer nascer Cristo de novo em alguém desviado, conformando-o de acordo com ele. Isso significa guiar e conduzir as ovelhas desviadas ao aprisco de Cristo e à comunhão plena com o Senhor.

Em verdade, essa seriedade, esse empenho e esse trabalho são exigidos de todos os cristãos e membros vivos de Cristo, mas especialmente requeridos dos pastores e líderes influentes. Isso basta quanto ao que deve ser feito especialmente por pastores constituídos e curadores da alma em relação a esse segundo aspecto, quanto ao testemunho e ao ensino da verdade de Cristo.

As autoridades governamentais devem dar sua contribuição, combatendo, de forma resoluta, as doutrinas falsas e todo incentivo à maldade. Também devem insistir com perseverança para que se acolham os ensinamentos de Cristo transmitidos pelos curadores da alma, retornando à comunidade de Cristo. Já os curadores da alma devem procurar as pessoas com toda delicadeza e recorrer a tudo que Deus lhes permite fazer para resgatar as pessoas da destruição, trazendo-as dos laços do diabo para Cristo, seu pastor, e de novo integrando-as plenamente ao seu rebanho. Para isso, devem expor cordialmente a verdade e a salvação de Cristo, através do anúncio e da refutação de erros claros e impactantes.

Os encarregados pela cura da alma devem ser os pastores, que deixam tudo de lado para se dedicar e fazer de tudo para trazer as ovelhinhas desviadas de volta. Não apenas guiando-as e conduzindo-as, mas também carregando-as em seus ombros, como a primeira citação epigrafada nos ensina. Precisam ser como uma mãe que volta a pari-los com temor e aflição, como aponta a segunda citação. Devem ser os servos do Senhor que tudo suportam e carregam, tentam e fazem, tanto com mansidão como com severidade, a fim de que os desviados, aqueles a quem satanás aprisionou em sua vontade, sejam libertados. A terceira citação registra isso.

9. Como as **ovelhas** feridas e machucadas devem ser **tratadas** e **curadas**

Mateus 18.15-17a
Se, porém, teu irmão pecar contra ti, vai e repreende-o a sós, tu e ele. Se ele te ouvir, tu ganhaste teu irmão. Mas, se ele não te ouvir, leva contigo mais um ou dois, de modo que tudo seja confirmado pela boca de duas ou três testemunhas. Se ele não te ouvir, conta isso à igreja.

2Coríntios 2.6-8
Basta, porém, que ele tenha sido punido pela maioria. De agora em diante, vós deveis perdoá-lo e consolá-lo, para que ele não sucumba em excessiva tristeza. Por isso, eu vos admoesto que lhe demonstreis o amor.

> Veja que ele foi disciplinado por toda a igreja para ser corrigido e ter suas feridas curadas.

2Coríntios 12.20-21
Pois temo que, quando eu vier, não vos encontre como esperto,

e que vós não me encontreis como desejais, como se não tivesse havido conflitos, inveja, ira, brigas, calúnias, intrigas, arrogância e rebelião entre vós. Temo que, ao vir outra vez, Deus me humilhe diante de vós e eu sofra por causa de muitos que pecaram anteriormente e não se arrependeram da impureza, da prostituição e da libertinagem que praticaram.

> Paulo queria curar os coríntios machucados com castigo severo, apesar de amá-los a ponto de flagelar-se e punir-se devido à queda deles.

Gálatas 6.1-2
Amados irmãos, se uma pessoa for surpreendida em algum pecado, vós, que sois espirituais, devereis ensiná-la com espírito manso. Cuida, porém, de ti mesmo para que tu também não sejas tentado. Que um leve o fardo pesado do outro e, assim, cumprireis a lei de Cristo!

> Entre os cristãos, cada um considere seus os pecados e as fragilidades do outro, empreendendo de tudo para superá-los e aperfeiçoar o irmão em amor e mansidão.

Essas passagens nos ensinam três coisas. A primeira é que todos os cristãos devem aconselhar as ovelhas machucadas, mas especialmente aqueles encarregados pela cura da alma. A segunda é que toda ovelha ferida e machucada precisa receber aconselhamento. Por fim, o conselho é o remédio adequado que cura as ovelhas feridas.

Quem são as ovelhas feridas e machucadas, É-nos dito acima. A saber, as ovelhas feridas são aquelas que, mesmo permanecendo na igreja e na comunhão com Cristo, continuam em pecados e maldades visíveis e conhecidos. Por exemplo: elas se abstêm de confessar a Cristo; negam a verdade de Cristo e das demais obras de Deus, de sua santa palavra e de todas as coisas espirituais. Também são desobedientes e desacatam seus superiores; causam toda a sorte de prejuízo ao próximo – aos seus bens, ao seu corpo ou à sua honra – com palavras e atitudes; e praticam todo tipo de imoralidade e prevalecimento.

A primeira lição a ser aprendida aqui é sobre quem deve cuidar das ovelhas feridas e machucadas e curá-las. Essa tarefa foi dada em primeiro lugar a todos os cristãos, pois Cristo está presente na vida de todos eles para realizar sua obra. Mas aqueles que foram chamados para a cura da alma e a aplicação desse remédio ao pecado devem dedicar-se a isso de modo especial. As autoridades também devem dar sua contribuição, zelando para que os médicos da alma instituídos e todos os cristãos exerçam sua função com fidelidade e de modo frutífero. Por Deus lhes haver submetido todas as pessoas, é tarefa deles providenciar para que todos vivam bem e adequadamente, servindo honesta e dedicadamente a Cristo, nosso Senhor, a quem o Pai concedeu toda a autoridade no céu e na terra.

Na primeira citação, vemos que o Senhor se dirige a cada cristão: *Se teu irmão pecar contra ti*. Da mesma forma, na quarta citação, o Espírito Santo exige que toda pessoa espiritual, ou seja, quem é cristão e pretende viver de forma cristã, deve ajudar a reerguer os que forem surpreendidos pelo pecado.

A segunda citação menciona o castigo exercido por muitos e pela igreja. Paulo havia requerido que os presbíteros em Corinto o realizassem. Assim, essa citação nos detalha o castigo e a restauração que deve ser exercida pelos encarregados da cura da alma. O Senhor ordena esse castigo àqueles que não querem deixar-se corrigir numa repreensão individual. Eles devem ser denunciados diante da igreja, a qual, então, deve adverti-los e discipliná-los por meio dos presbíteros. Foi isto que Paulo também ordenou a Timóteo: ele deveria disciplinar os pecadores publicamente, a fim de que os demais adquirissem temor (1Tm 5.20).

> *Curadores da alma devem dedicar-se à disciplina e ao aperfeiçoamento.*

Na terceira passagem, vemos ainda melhor como os servos da igreja devem dedicar-se com esmero a aplicar esse remédio às almas feridas e machucadas, suprindo o que os outros deixaram de fazer. Dessa maneira, Paulo agiu diante dos coríntios. Como a igreja de Corinto havia deixado de disciplinar o irmão faltoso e não o chamou ao arrependimento, o apóstolo queria sofrer e se humilhar – ou seja, jejuar, orar – e, assim, penitenciar-se com o propósito de despertar em toda a igreja o empenho e a dedicação adequados. Ele até pretendia vir pessoalmente, a fim de demonstrar seriedade e disciplina em relação aos que haviam descuidado de sua função, como descreve logo a seguir, em 1Coríntios 8.

Assim, o primeiro aspecto trata de quem deve cuidar dos feridos e curá-los. Essa tarefa cabe a cada cristão, que, por sua vez, a deve ao seu próximo, mas, em especial, cabe àqueles que foram incumbidos de cuidar e pastorear as ovelhas de Cristo. O principal motivo para isso é que esse cuidar e esse curar são obra de Cristo, que ele mesmo prometeu às suas ovelhinhas. Por esse motivo, jamais deixará de realizá-la por meio de qualquer um de seus membros. Mas ele a fará com especial eficiência por meio daqueles seus membros a quem escolheu especialmente para executá-la, seus principais pastores, a saber, as autoridades governamentais e os curadores da alma.

O segundo aspecto abordado é que devemos cuidar, medicar e curar a todas as ovelhas feridas e machucadas enquanto elas continuam sendo ovelhas e toleram a voz de Cristo, o pastor. Dão testemunho disso, além de outras passagens, todas as citações anteriormente destacadas. Pois todas referem-se genericamente a quem pecou, a quem foi surpreendido por uma queda e foi ferido e machucado. O Senhor ordena: *Se [...] teu irmão pecar contra ti*. Não é necessária outra motivação para ajudar, além do fato de que um irmão pecou e necessita receber ajuda. O Senhor ordena isso para o bem dos verdadeiros cristãos. Sempre que alguém pecar contra eles, ele entende que tudo isso maltrata Cristo, seu cabeça e Senhor.

> *Todas as ovelhas feridas devem ser apoiadas com conselhos e ações.*

O terceiro aspecto refere-se ao conselho e ao remédio que devemos entregar aos feridos e machucados. Podemos aprender isso em todas as quatro passagens epigrafadas, bem como em outras mais. Pois o verdadeiro remédio outra coisa não é senão ajudar aquele que pecou a reconhecer seu pecado. Assim, ele é motivado e levado ao verdadeiro reconhecimento, arrependendo-se e entristecendo-se por causa de seu pecado. Então, devemos consolá-lo novamente, encorajando-o a ter esperança na graça, de modo que queira corrigir-se com dedicação e alegria.

Na primeira passagem citada, o Senhor exige que apontemos e mostremos o pecado ao pecador. Ele precisa ser convencido a reconhecer seu pecado para ser ganho através do verdadeiro arrependimento. O Senhor emprega a palavra grega ἔλεγξον [élegxon], que significa demonstrar claramente e convencer do erro. E acrescenta: *Se ele te ouvir, tu ganhaste teu irmão*. Ao usar as palavrinhas *teu irmão* e *ganhaste*, ele aponta que a repreensão daqueles que pecaram requer verdadeiro amor fraternal e um cuidado bem-intencionado e adequado, a fim de resgatar o irmão da morte eterna para a vida eterna. Mas um pecador somente está resgatado quando for convencido e levado a admitir: "Eu pequei, desejo a graça e quero corrigir-me". Ele deve estar abatido e humilhado por causa de seu pecado e, ao mesmo tempo, realmente consolado em Cristo, além de desejoso e empenhado em se aperfeiçoar em tudo. Só então, o estrago estará bem remediado e o membro do homem interior sarará.

Aqueles, pois, que pretendem disciplinar e reconquistar os pecadores seguindo a ordem de Cristo reconhecerão, por si mesmos, que devem fazê-lo com delicadeza espiritual, como a quarta passagem destacada requer. Devem agir com amor que vem do coração, estando verdadeiramente dispostos a carregar o fardo do pecador. É desse amor que a quarta citação fala. Ele também é necessário para o arrependimento, como demonstra o exemplo de Paulo na terceira citação.

> *Delicadeza espiritual e amor imenso são necessários para a correção dos pecadores.*

O apóstolo preparou e demonstrou esse remédio ao membro mencionado de Corinto, ordenando que ele fosse disciplinado diante de toda a igreja; também o castigou pessoalmente na força de seu Espírito, entregando-o a satanás para penalizar sua carne, a fim de que viesse a experimentar ajuda espiritual. Com isso, ele conduziu esse pecador a arrependimento e penitência dos pecados, de modo que o pecado foi subjugado e morto nele. Assim, essa pessoa foi consolada e reerguida para seu verdadeiro aperfeiçoamento, no qual, então, cresceu. Paulo escreve à igreja em Corinto dizendo que o castigo e a severidade aplicados já foram suficientes, de modo que, agora, deveriam perdoar e consolar o faltoso. Deveriam demonstrar-lhe amor, para que ele não afundasse em tristezas insuportáveis, pois ele, Paulo, também já o perdoara e o consolara.

Aqui é possível reconhecer bem o que vem a ser o remédio espiritual das ovelhas feridas e machucadas, e como deve ser aplicado a elas. Esse membro da igreja de Corinto estava deveras machucado em seu interior. Seu sangue e sua pele foram sujados sobremaneira pela maldade. Agora, contudo, o apóstolo e a igreja de Corinto o purificaram por meio de disciplina e correção. Limpou-se a ferida purulenta, e a carne apodrecida foi retirada com essa severidade. Com o perdão, o consolo e as demonstrações do amor fraterno, o Senhor lhe deu uma infusão de sangue bom e saudável, fazendo com que crescesse nele uma pele pura e que ele fosse sarado.

De modo semelhante, Natã curou a ferida de Davi quando este cometeu adultério e assassinato. Propositalmente, ele havia causado uma ofensa tão grave ao nome de Deus que os inimigos de Deus conquistaram vitória sobre o povo dele – vitória na qual não apenas Urias veio a morrer. Com a repreensão severa e a superação dessa grande injustiça, o profeta restaurou a Davi os membros quebrados, curando a ferida maligna. Essa cura estava bem completa quando o rei falou a Natã: *Pequei diante do Senhor. Então, o profeta, por sua vez, o consolou com a graça de Deus, dizendo: O Senhor retirou de ti teu pecado. Não morrerás.* Dessa maneira, ele o fortaleceu de novo e sarou seus membros espirituais.

Assim, a saúde e a vida do ser humano interior consistem em sua fé viva e verdadeira na misericórdia de Deus e em sua confiança inconfundível no perdão dos pecados que Cristo, o Senhor, adquiriu e conquistou para nós. Essa fé e essa confiança nos levam a amar a Deus e tudo que lhe agrada. Elas nos concedem seu bom Espírito, que gera em nós o desejo verdadeiro e a capacidade de nos abster de todo mal e praticar todo bem.

No entanto, existem alguns males que requerem medicação prolongada, intervenções profundas, aplicações com ácidos, fogo e cirurgias, até virem a sarar por completo. Ou seja, até que as pessoas cheguem ao completo arrependimento de seu pecado e à plena purificação de seus maus desejos e vícios. Esse foi o problema daquela pessoa em Corinto, mencionada na segunda passagem. Por isso, o apóstolo bondoso e clemente a entregou por algum tempo a satanás, a fim de conduzi-la da perdição da carne ao amparo do Espírito. Pois seu castigo e sua exclusão da comunidade cristã em Corinto geraram nela um sofrimento que não foi pequeno. Por isso, Paulo escreve recomendando aos irmãos que não deixassem ele se afundar em tristeza excessiva. Mas esse tratamento prolongado trouxe grande melhora, tanto para essa pessoa como para os demais. Nela, matou toda arbitrariedade e, nos demais, gerou temor em relação a esse e a todos os demais pecados.

Semelhante também foi o arrependimento de Davi. Não apenas pela morte do filho que lhe nasceu de Bate-Seba, mas também pela imposição do castigo assustador e muito mais grave da revolta de seu filho Absalão.

As antigas igrejas apostólicas aplicaram seriedade semelhante a todos os pecados graves, a fim de conduzir tanto mais saudavelmente à tristeza segundo Deus, que gera o arrependimento do qual ninguém jamais se arrepende. Na comunidade, a seriedade gera temor, dedicação e empenho para viver de forma cristã. Simultaneamente, promove e preserva o ódio e o desprezo em relação aos vícios, como o santo apóstolo testemunha em 2Coríntios 7.

Assim surgiram a confissão e a penitência públicas sobre as quais lemos em Tertuliano, Cipriano, Ambrósio e todos os demais pais da igreja. Quando, porventura, um cristão caía em pecados graves e públicos, que também escandalizavam os demais, não era admitido à comunhão da mesa do Senhor. Isso era mantido até que ele desse prova firme e suficiente de seu arrependimento e de sua correção. E deveria fazê-lo de modo satisfatório, ou seja, até provar que lamentava verdadeiramente seu pecado, encaminhando-se, de coração, à correção.

Os que haviam pecado e escandalizado a igreja tinham de apresentar essa prova satisfatória do arrependimento e da correção da seguinte maneira: inicialmente, tinham de confessar e admitir publicamente diante de todo o povo, na igreja, que haviam pecado e agido mal. Depois, os presbíteros da igreja estipulavam um tempo nos qual deviam demonstrar luto e penitenciar-se de seus pecados com lágrimas e lamentações. Para tanto, deviam orar muito e com seriedade, jejuando e vigiando; além de evitar todos os prazeres corporais e ser generosos nas esmolas e nas demais atitudes verdadeiramente cristãs. Eles tinham de comprovar, por meio de suas vestimentas, sua comida, bebida e demais atitudes, que lamentavam e buscavam de coração muito abatido o perdão de seus pecados, além de perseverar com grande empenho, dedicação e seriedade na conversão e no aperfeiçoamento de suas vidas.

Eles eram readmitidos depois de comprovar satisfatoriamente às igrejas, pelo tempo estipulado, seu arrependimento e sua tristeza em relação ao pecado, além de seu firme propósito de melhorar a própria conduta. Portanto, também era necessário que seu exemplo fizesse com que aqueles a quem, anteriormente, haviam escandalizado e induzido ao pecado passassem a temer a maldade, vendo-se motivados à vida inocente. Somente depois de tudo isso, os presbíteros lhes anunciavam, de novo, o perdão da igreja, reconciliando-os publicamente com Cristo, o Senhor, e com a igreja. Liberavam-nos das amarras do juízo divino, anunciando-lhes perdão em nome de Cristo. Nessa ocasião, também eram readmitidos e aceitos na mesa do Senhor e na comunhão plena da igreja. Os pais antigos mantiveram firmemente essa disciplina e essa penitência dos pecados, como é possível ler nas obras de todos eles.

O mais bem-aventurado e piedoso imperador Teodósio I um dia sucumbiu à sua raiva, que, como o próprio Ambrósio lhe escreveu, tornara-se um grande perigo para ele. Ele, então, cometeu um massacre terrível em Tessalônica, por causa de uma rebelião na qual alguns funcionários públicos haviam sido mortos. Por esse motivo, ele convocou os cidadãos para se reunirem na praça, como se pretendesse encenar um espetáculo para eles. No entanto, em seguida, ordenou às tropas que os atacassem e matassem. Elas executaram mais ou menos sete mil pessoas, tanto culpadas como inocentes.

Depois dessa ação, o imperador veio a Milão e pretendia ir à igreja participar da mesa do Senhor, como os demais cristãos. Mas Ambrósio o proibiu numa conversa a sós. Ordenou-lhe, em nome de Cristo, penitenciar-se e excluiu-o da comunidade de Cristo até cumprir a penitência adequada por aquele terrível massacre, que causara um escândalo profundo. O imperador, então, submeteu-se a essa penalidade em humildade cristã por oito meses. Após, ele pediu – inicialmente, através de seu assistente Rufino, mas depois pessoalmente – o perdão e a reconciliação da igreja em profunda humilhação e com lágrimas. Mas Ambrósio não o dispensou dessa penalidade antes de o imperador colocar-se publicamente entre os demais penitentes na igreja e prostrar-se com a face colada ao chão, confessando e lamentando seu pecado publicamente diante da igreja. Como penitência, Ambrósio ainda lhe impôs concordar em promulgar uma lei em todo o império, exigência que ele prontamente atendeu. Assim, mediante seu arrependimento, sua penitência tornou-se conhecida de todo o império, sendo bem recebida por todos que haviam sido injustamente afetados pela repressão da rebelião em Tessalônica. Então, todos os ofendidos acalmaram-se ao perceberem claramente que, de acordo com essa lei, o imperador lamentava de coração aquela sua punição precipitada e exagerada, e que se corrigia verdadeiramente.

Segundo essa lei, ele proibiu todo castigo precipitado e exagerado tanto a si mesmo como aos demais príncipes, ordenando que toda aplicação de pena aguardasse uma hora mais serena. Por isso ele promulgou essa lei, não apenas em seu nome, mas também no nome de Graciano e Valentiniano, o moço, [ou Valentiniano II] com quem compartilhava o governo, depois que o pai deles – Valentiniano, o velho [ou Valentiniano I] – o promoveu a tutor e corregente do império.

O conteúdo dessa lei era: quando os imperadores ordenassem castigar alguém com mais severidade do que de costume, então as penas estabelecidas a esses acusados – em vista dos maus-tratos – não deveriam ser aplicadas, nem sua sentença executada de imediato. Antes, a sorte e a situação desse acusado deveriam ser proteladas por trinta dias. No entanto, os acusados deveriam ser mantidos acorrentados e presos, guarnecidos por guardas aplicados.

O piedoso imperador Teodósio I promulgou e publicou essa lei de modo tão amplo e insistente que foi aceita em todos os lugares. Ela vigorou de tal forma que o imperador Justiniano a integrou em seu livro de leis e decretos imperiais, os quais ainda continuam em vigor.

Perceba a seriedade que os bispos líderes das igrejas seguiam e aplicavam contra aqueles que feriam publicamente as igrejas com graves pecados. Esses bispos santos e fiéis não exerceram essa seriedade com base em outra coisa que não fossem a ordem e a exigência de Cristo, jamais como disposição humana. Paulo não apenas se ateve com firmeza a essa ordem por ser proveniente do Senhor, como também repreendia aqueles que dela se descuidavam. Aos coríntios, ele escreve: *vós estais orgulhosos e não suportastes muita aflição, de modo que o infrator viesse a ouvi-los*. Perceba que toda a igreja de Corinto deveria ficar triste e lamentar-se por causa do mal cometido por seu membro faltoso, como se ela mesma o tivesse cometido. O apóstolo não escreve "se ele não quer abster-se de sua maldade", mas, sim, *quem fez isso e maltratou*.

Depois de os coríntios voltarem a aplicar o castigo que haviam deixado de impor, o apóstolo lhes recomenda: "Basta". O castigo imposto pela maioria ao faltoso como penitência deixa de ser necessário. Agora, pois, é necessário que lhe perdoem e que o consolem. Isso deve bastar quanto à admoestação do apóstolo aos coríntios, a fim de que perdoem a culpa a esse penitente ao qual foi imposta a penitência por muitos, ou seja, por toda a igreja, como o apóstolo lhes ensinara em 1Coríntios 5. Ele argumenta com o seguinte motivo: *Para que o faltoso não venha a sucumbir em demasiada tristeza*. Se, pois, essa pessoa estiver tão triste em virtude de seus pecados que se teme que ela possa sucumbir em tão grande tristeza e até mesmo desesperar-se, então isso prova que ela, voluntariamente, já está a caminho da melhora. Ela já acolheu o castigo com grande humildade e deu ouvidos à igreja. Mas ainda não havia sido perdoada e teve de permanecer no castigo e na penitência por muito tempo. Pois o santo apóstolo, depois de escrever a Primeira Carta aos Coríntios, em primeiro lugar lhes enviou Timóteo e, depois, Tito. Só depois disso, e depois de ter feito mais viagens, ele escreveu a outra carta aos coríntios, admoestando-os a perdoar esse penitente, como ele mesmo o perdoava. Esse período deve ter sido superior a um ano, como podemos concluir do quarto capítulo dessa carta escrita aos coríntios.

> Aquele que havia pecado em Corinto tão grosseira e visivelmente arrependeu-se de tal modo que sua tristeza gerou preocupações depois dele permanecer em penitência e estar excluído da comunidade de Deus por muitos dias.

Disso, depreendemos que o apóstolo insiste nessa exclusão da comunidade e na penitência daqueles que uma vez caíram em tão graves pecados, mesmo que se reergam desses pecados e os lamentem, porque considera que essa atitude consiste em uma ordem e um mandamento do Senhor. Por isso, não pode ser negligenciada por nenhuma igreja. Do contrário, ele – que nunca teve tão elevado apreço pelas regras humanas – não teria criticado os coríntios com tamanha seriedade e tão veementemente por causa dessa negligência.

Podemos perceber o mesmo em 2Coríntios 13.2-3, 10: *Já lhes disse antes e o disse quando estive convosco pela segunda vez. Agora, estando ausente, escrevo aos que pecaram antes e a todos os demais: quando vier outra vez, não quero poupar-vos, seja para que vós tomeis consciência de que aquele que fala por meu intermédio, a saber, Cristo, não é fraco ao tratar convosco, mas, sim, poderoso entre vós.* E, mais adiante, prossegue: *Por isso escrevo essas coisas enquanto estou ausente, para que, quando estiver presente, não precise ser mais rigoroso no uso do poder que o Senhor me deu para aperfeiçoá-los, e não para destruí-los.*

Nessa passagem, vemos que o apóstolo aplica aos coríntios um castigo severo e sério. "Não quero poupá-los", diz ele. Depois continua: "para que não precise ser mais rigoroso". Para indicar que essa seriedade e esse rigor não são algo ruim, ele aponta para o poder de Cristo. Ele ensina aos coríntios que, se estiverem à procura de Cristo, eles finalmente perceberão que é ele quem fala por meio de Paulo. O Cristo, que também entre vós, não é fraco, mas, sim, forte. Com isso, o apóstolo indica com bastante clareza que essa punição que aplica aos que haviam pecado é um assunto seriíssimo, ordenado pelo próprio Senhor, jamais algo estabelecido por homens.

Ele também aborda esse assunto em 2Coríntios 12, já mencionado aqui, na terceira citação: *que Deus me humilhe diante de vós e eu sofra por muitos que haviam pecado anteriormente.* O apóstolo também exigiu a humilhação e a atitude de suportar sofrimento em relação aos coríntios (1Co 5.4-5). Mas agora ele escreve: *Vocês estão orgulhosos e nem suportaram muito sofrimento* (Cf. 1Co 5.2). Essa humilhação e esse suportar sofrimentos referiam-se a jejuar, orar e lamentar verdadeiramente pelo pecado cometido. Podemos perceber isso em todas as passagens que mencionam esse rigor e que os velhos tradutores gregos traduziram para sua língua usando as palavras humilhar e suportar sofrimento.

Pois, elas significam isso quando, no segundo livro de Moisés, Êxodo 33.4, o povo devia penitenciar-se da transgressão cometida com o bezerro de ouro; também no terceiro livro, Levítico 16, quando Deus ordena a penitência geral anual; e, igualmente, no livro de Juízes 21.2, 6, 15, quando o povo de Israel foi derrotado pelos benjamitas. Da mesma forma, traduzem o lamento e a penitência do povo por seus pecados em 1Samuel 7.1-7. De modo semelhante, o arrependimento do rei Acabe, ao se penitenciar pelo assassinato de Nabote, consistia em jejum, oração e lamento (1Rs 21.27). E assim também se penitenciaram os ninivitas e todos os demais, sobre cuja penitência lemos na Bíblia e para a qual os amados profetas nos encorajam, quando nos lembram do verdadeiro arrependimento, da penitência e da expiação dos pecados.

Pois bem, amados cristãos, vejamos agora o que é possível concluir disso tudo, ou seja, a humilhação e o ato de suportar sofrimento de que o apóstolo fala. Trata-se de uma punição severa da carne, um jejuar, um lamentar, um orar e um clamar por causa dos pecados. Tal humilhação o apóstolo exige agora de todas as igrejas nas quais se pecou gravemente. Sim, ele considera necessário que o curador da alma que a lidera reconheça a si próprio como culpado diante de Deus. Ele deve aceitar humilhar-se, uma vez que aqueles que haviam pecado não o fizeram. Paulo escreve que está preocupado com a possibilidade de que, ao vir outra vez, *Deus me humilhe e eu sofra*. Perceba que ele afirma que não é uma pessoa, mas o próprio Deus quem lhe impõe essa humilhação.

Portanto, o amado apóstolo entendeu que Deus exigiu dele tão severa humilhação para penitenciar os pecados de outras pessoas. Deus mesmo lhe impunha isso, quando aqueles que haviam pecado deixaram de fazê-lo. Impunha-o a alguém que lamentava toda transgressão e que não perdia uma oportunidade para evitar e impedir o pecado e de proporcionar correção. Vimos com clareza que o apóstolo entende que esse punir, esse disciplinar e esse penitenciar os pecados graves estavam sendo exigidos por Deus com toda a seriedade. Por isso, ele também exige que toda a igreja e, especialmente, os curadores da alma levem a sério quando alguém da igreja peca e age grave e maldosamente.

Como o apóstolo reconheceu a necessidade dessa humilhação e desse arrependimento? O Espírito Santo, que moveu os santos antigos, também o move. Sim, o Espírito de Cristo o move. Ele move os crentes a entenderem que tudo o que Deus ordenou e instituiu ao seu povo antigo pela Escritura destina-se a aperfeiçoá-los em qualquer época, sem constrangê-los pela Escritura, mas espontânea e voluntariamente. Mas agora lemos, no segundo livro de Moisés, Êxodo 4 e 6, que Deus ordenou e instruiu que, sempre que alguém do povo, dos sacerdotes, dos príncipes ou o povo todo ignorasse sua ordem, se fizessem algo que não deveriam ter feito ou deixassem de fazer o que lhes fora ordenado, eles deveriam vir à sua igreja. Então, diante do sacerdote, confessariam seus pecados e buscariam a graça, trazendo seus sacrifícios a fim de receber reconciliação por meio dos sacerdotes. Isso, naturalmente, não deveria ser feito sem humilhação, lamento e jejum sérios, acerca do que já mencionamos em diversas passagens. Pois, naquelas passagens, como em todas as partes da Escritura em que se menciona a penitência pelos pecados, lemos que, com tais humilhações, lamentos, jejuns, orações e clamores, deve-se buscar a expiação dos pecados.

Portanto, toda a igreja, liderada pelos presbíteros, deveria reconhecer-se culpada e penitenciar-se pelos e com os que pecaram gravemente. Vemos maravilhosos e poderosos exemplos disso em Moisés, Josué, Jeremias, Esdras e outros. Os crentes são membros uns dos outros, razão pela qual seus líderes devem provar em si mesmos o caráter de Cristo, o cabeça. Acima de tudo, ele sofre solidariamente com todos os sofrimentos dos membros, preocupando-se mais do que todos com a recuperação deles. Os crentes compartilham todo amor e sofrimento. Cada um carrega os fardos pesados dos outros e, assim, também assume como sua culpa os pecados que os outros cometem. Por isso devem penitenciar-se uns com os outros e pelos outros. Isso deve ser feito, acima de tudo, por aqueles que exercem o serviço de Cristo, o cabeça, os verdadeiros curadores da alma: Moisés, Josué, Paulo e todos os outros.

Sobre Moisés, podemos ler como ele lamentou, orou e clamou pelo povo no segundo livro, Êxodo, no capítulo 32. Ele pediu que Deus o riscasse do livro da vida, mas perdoasse o povo, como registra em seu terceiro livro, Levítico, no capítulo 34. De modo semelhante, Josué descreve no capítulo 7 de seu livro como ficou prostrado diante do Senhor durante um dia inteiro, lamentando e clamando, ainda que apenas Acã houvesse pecado, apropriando-se das coisas banidas e provocando a ira de Deus contra todo o povo. Assim como Deus concede que a comunidade tenha proveito de todos os seus membros, ela também precisa carregar e partilhar o castigo dos pecados deles.

Em face de todo o exposto, concluímos que o bondoso Deus Todo-Poderoso ordenara ao seu povo antigo que medicasse os pecados com toda a seriedade, em humilhação, disciplina e penitência públicas. E essa seriedade era tal que ele não apenas a requereu de quem havia pecado, mas também de todo o povo, em especial dos líderes, pastores e curadores da alma. Igualmente, observamos, nessas passagens, como o Espírito divino sempre incentivou todos os crentes verdadeiros, dando-lhes a disposição necessária.

Pois agora, na igreja de Cristo, todo bem, tudo que é útil e aperfeiçoa, tudo que for um remédio contra o pecado é exercitado com muito mais perfeição, seriedade e dedicação do que com o povo da antiga aliança. Isso porque a igreja recebeu com mais perfeição a graça e a salvação de Cristo, cuja obra consiste em socorrer seu povo do pecado. Como, então, Paulo e todos os demais apóstolos e curadores da alma poderiam deixar de exigir o medicamento que Deus leva tão a sério, e que justamente por isso é tão eficiente contra os pecados? Os próprios apóstolos se submeteram a ela, e encorajaram e incentivaram todos os outros, mesmo que essa ordem não tivesse sido ordenada literalmente a nós como ocorreu em relação aos antigos.

> Na igreja, deve-se exercitar tudo que auxilie a enfrentar seriamente o pecado. Por isso a penitência deve ser aplicada com esmero.

Pois exatamente isto devemos gravar bem: tanto nesta como em todas as outras práticas das igrejas, vale que nosso Senhor Jesus nos prescreveu muito pouco quanto a todas as práticas e regras[1] exteriores. Mas o que foi prescrito, ele sintetizou em poucas palavras. Assim, temos do Senhor apenas prescrições sobre o batismo, a santa ceia e a penitência. Além disso, essas prescrições são brevíssimas. Em relação ao batismo, não dispomos de nada além do registro do mandamento: *Façam discípulos de todos os povos e batizem-nos* etc. Da santa ceia, apenas que, quando a celebrarmos, façamos em sua memória. Também em relação ao assunto da penitência, aqui abordado, não temos mais do que a recomendação de que os curadores da alma devem perdoar os pecados a todos que se arrependem e prometem corrigir-se. E ainda que o que ligarem na terra, isso também terá sido ligado no céu; e o que desligarem na terra terá sido desligado no céu. A quem retiverem os pecados, estes ficarão com eles; a quem perdoarem, os pecados estarão perdoados. Assim, os amados apóstolos – melhor, o Espírito Santo nos apóstolos – detalharam essas e as demais ordens da igreja para realizar a obra de Cristo, requerendo delas também o que pudesse engrandecer e tornar aceitável a obra de Deus.

> De todas as práticas exteriores da igreja, temos da parte do Senhor apenas resumos que foram detalhados e explicados em todas as partes pelos apóstolos.

---

[1] Literalmente: letras. [N. T.]

Quando o batismo é realizado com adultos, o Espírito Santo ordenou que esses adultos confessasse seus pecados, abdicassem do diabo e do mundo, e declarassem entregar-se pessoalmente a Cristo e à igreja. Pois foi assim que os apóstolos – naturalmente, inspirados pelo Espírito Santo – praticavam o batismo, como lemos em Atos dos Apóstolos.

Dessa maneira, o apóstolo Paulo interveio e corrigiu os abusos ocorridos na santa ceia em Corinto, ensinando e ordenando a prática correta e adequada. Ele o fez tanto em sua carta como pessoalmente, quando, mais tarde, esteve lá, tal como havia prometido.

Assim também os apóstolos estabeleceram o que constitui a verdadeira penitência. Por isso não temos mais orientações a esse respeito na Escritura. O que a igreja ligar ou quais pecados ela retém, esses pecados estarão ligados e também retidos. O que ela desligar e os pecados que perdoar, isso também será desligado e estará perdoado. Mas quais pessoas a igreja deve ligar ou desligar, de quem ela deve reter ou perdoar os pecados, o que ela deve exigir delas ou o que impor a elas, a esse respeito não temos uma ordem escrita do nosso Senhor, pois, na Escritura, não se expõe isso detalhada e expressamente. Mas dispomos das atitudes dos apóstolos e de como eles agiam nesse assunto, guiados pelo Espírito de Cristo, como demonstra a quinta passagem citada, de Paulo. Pois, sem dúvida, os demais apóstolos também procederam igualmente, já que todos eles eram guiados e orientados pelo Espírito de Cristo.

O Senhor ordenou a Paulo e aos demais apóstolos que pastoreassem suas ovelhinhas da melhor e mais fiel maneira. Eles tinham instrução suficiente dessa incumbência para fazer, ordenar e exigir tudo que pudesse servir à salvação das ovelhinhas. No entanto, quanto ao castigo e à penitência daqueles que cometessem os pecados graves anteriormente narrados, os apóstolos já contavam com o aprendizado e a experiência anterior da Lei e dos Profetas. A esse respeito, eles também foram conduzidos pelo Espírito Santo, que governa e dirige a igreja de Cristo.

Não apenas o Espírito Santo, mas também a lucidez natural, ensinou à igreja – por meio de fatos antigos e recentes – que quem comete pecados mais graves precisa ser disciplinado e corrigido de modo especial. Ensinam que é útil manter a penitência por um bom tempo, pois isso se revela necessário e útil ao aperfeiçoamento. Um pai, por exemplo, disciplina seu filho deixando de falar com ele por algum tempo. Até mesmo o expulsa e não lhe permite aparecer diante de seus olhos caso tenha cometido uma falta gravíssima ou ido a festejos devassos, até que o filho se penitencie de verdade e se arrependa de suas transgressões. Além disso, deve demonstrar estar realmente disposto e comprometido a se corrigir em todas as suas atitudes. Também deve abster-se, de forma resoluta, de tudo que possa desagradar ao seu pai, dedicando-se a tudo que agrade a ele. No entanto, ainda que tivesse feito isso e, por um bom tempo, se penitenciado, sofrendo muita pobreza e miséria, o pai jamais acolheria o filho em seu amor e em sua graça, a não ser que este lhe tivesse pedido isso com toda a humildade. Algumas vezes, incumbe a alguém mais interceder por ele, mas depois ele deve apresentar-se pessoalmente e comprometer-se com tudo que o pai exigir dele.

Deus realiza o castigo de pecados graves por meio de pessoas sensatas.

De modo semelhante, agem os proprietários piedosos com seus escravos que cometem faltas graves. Em todas as sociedades organizadas, aqueles que cometeram alguma falta grave precisam penitenciar-se, compensá-la e demonstrar melhora. As pessoas culpadas não são perdoadas de imediato, mesmo que já tenham abandonado a transgressão e já tenham afirmado que a lamentam, a fim de que percebam, por meio do castigo, da disciplina e da penitência, a real gravidade de haverem praticado o mal. À arbitrariedade de sua carne, é imposto algo que também faz os demais temerem o pecado.

Por isso Deus ordenou e também usou a disciplina, o castigo, a penitência e o aperfeiçoamento das pessoas por meio de todos os pais, professores e autoridades piedosos. Na comunidade dele, deveria haver melhores disciplina e liderança, que atraíssem, conduzissem e incentivassem as pessoas do mal para o bem. Por isso Deus também ordenou disciplina, castigo e penitência ao seu povo, Israel, como está registrado nas Escrituras. Ao seu novo povo, o Senhor o expôs por meio dos amados apóstolos, como já explicado, por meio de Paulo.

Por causa dessa ordem e dessa recomendação do Santo Espírito de Deus, a confissão e a penitência públicas, já aqui descritas, foram seguidas com tanta fidelidade pelos pais antigos.

Caso alguém que tenha pecado gravemente fosse acolhido na comunhão de Cristo e reconciliado com a igreja sem cumprir, por tempo suficiente, a penitência, os santos mártires e os pais antigos não entendiam isso de outra maneira que não uma transgressão proposital da ordem de Cristo. Eles consideravam haver uma decadência real de ambos — tanto de quem havia pecado como de toda a igreja. Podemos ler isso em Cipriano e outros pais.

O Senhor entregou às suas igrejas as chaves para o Reino dos Céus e a autoridade para ligar e desligar, para libertar e perdoar o pecado ou retê-lo. O que, então, significa ligar e reter o pecado daqueles que pecaram? Significa que, quando vierem à igreja, devem ser tidos como pecadores que desprezaram a salvação de Cristo, pessoas que estão sob a ira de Deus e caíram na condenação eterna. Devem ser ligados e comprometidos a penitenciar seu pecado. Além disso, devem ser induzidos a buscar de coração a graça e a restauração com humilhações, mortificando sua natureza[2] orgulhosa e prepotente.

Mas, depois, a igreja deve desligar e perdoar o pecado – e deve fazer isso motivada pela vontade de Deus. Por isso ela deve agir com toda a seriedade e veracidade. Pois ela não pode desligar ou perdoar o pecado de ninguém em quem ela – na medida do que realmente seja capaz de reconhecer –, não perceber verdadeiro arrependimento de seus pecados e uma busca de correção que provenha do coração. Ninguém, após cometer pecados graves e transgressões grosseiras, demonstra tal arrependimento e tal propósito de real e verdadeira melhoria com a mera abstenção dos pecados cometidos e com a simples afirmação de que os lamenta e que não voltará a praticá-los.

Além disso, Ambrósio alude ao exemplo de um governante humano. Uma pessoa o irritou a ponto de, com isso, desperdiçar sua vida, rebelando-se contra ele, roubando-lhe algo ou contrariando-o de alguma outra forma. A que humilhações, petições e clamores ele e seus familiares se submeterão? A que ele se disporá e o que prometerá para demonstrar verdadeiro arrependimento de suas transgressões e real propósito de se corrigir? Um governante nem sequer cogitará que bastará abster-se da transgressão e prometer não recair mais nela.

Que confissão, lamento, humilhação, oração e clamor devem ser requeridos e exigidos, então, daqueles que

---

[2] Literalmente: carne. [N. T.]

reconhecem e se arrependem de seus grandes e terríveis pecados, aos quais foram induzidos e estavam acostumados? O que requerer deles mesmo que mereçam a morte eterna por haverem provocado a ira do Todo-Poderoso Pai celestial, por terem ofendido nosso Senhor Jesus Cristo e prejudicado sua comunidade? A dispensa da penitência aumentaria, sem dúvida alguma, o número dos que creem que basta abster-se de praticar o pecado e declarar seu lamento a respeito. Logo, porém, voltam a agir como o primeiro Adão, como o povo de Israel e como todos os que jamais reconheceram verdadeiramente seu pecado e se arrependeram. Por isso, Pedro e todos os demais realmente exercitaram a penitência na igreja de Cristo. Ao ensinar os coríntios, Paulo recomendou que devemos jejuar, orar e chorar, agradar-lhe com grande temor, humilhação e flagelo. Devemos buscar, acima de tudo, destacar-nos naquilo que agrada a Deus. Em outras palavras, no sofrer, no abster-se, no suportar, no carregar; enfim, em fazer todas coisas das quais podemos esperar que agradem a Deus, deixando de fazer o que lhe desagrada.

Ao amado Pedro, não bastou que parasse de negar o Senhor e de se lamentar. Pelo contrário, ele não permaneceu no lugar em que havia caído; ele se levantou, saiu e chorou amargamente. Lamentou-se e suportou a dor por causa de seu pecado tão grave, até que o próprio Senhor o consolasse. E, obviamente, pelo período que suas lágrimas e seus lamentos duraram, ele experimentou poucos prazeres corporais que lhe satisfizessem. Da mesma forma, agiu o povo de Israel, sempre que provocava perigosamente a ira do Senhor. Também Davi, Ezequias, Jeremias, Daniel, Paulo e todos os outros, ao se lamentarem e penitenciarem pelos pecados graves, pelos seus próprios ou pelos de outras pessoas, agiram assim. O que disse o publicano no templo? Não disse: "Pois bem, Senhor, eu pretendo melhorar, abstendo-me do pecado". Pelo contrário, ele ficou parado longe do altar, não ousou levantar seu olhar ao céu, batia no seu peito e dizia: Ó Deus, tenha compaixão de mim, pecador. Igualmente, a pecadora em Lucas 7.36-50. Ela não se restringiu a abandonar sua vida perversa, mas foi procurar o Senhor. Como ele se encontrava entre os fariseus impiedosos, chorou ali publicamente, lamentando seu pecado até o Senhor absolvê-la e mandá-la seguir em paz.

Por mais que as pessoas caiam em graves e escandalosos pecados, quando são alcançadas com verdadeiro reconhecimento do pecado e recebem o verdadeiro Espírito de filiação a Deus, então sempre haverá esse lamentar, esse chorar, esse pedir, esse clamar, esse confessar e esse penitenciar verdadeiros. Essa é uma medicação realmente forte para todos que procuram livrar-se de todos os vícios do pecado e purificar-se totalmente de todas as más inclinações para o mal. Ela extirpa e queima tanto naqueles que cometeram pecados graves como nos outros, que são impactados profundamente por essa penitência e reconhecem o horror e o estrago do pecado. Já conscientes, eles se abstêm tanto mais e com mais seriedade dos pecados.

Quem pode negar que, se não houvesse castigo, disciplina ou penitência dos pecados na igreja sem fazer distinção alguma, a juventude e as pessoas em geral se tornariam mais levianas em relação ao mal? Vergonha e vexame desapareceriam. As pessoas se tornariam selvagens, sem arrependimento, entregues à imoralidade e a todas as vaidades. Jamais se dariam por satisfeitas com as arbitrariedades de sua natureza perdida, como lamenta Paulo.

Já demonstramos mais do que suficientemente que a disciplina e a penitência dos pecados constituem uma medicação necessária, salutar e poderosa contra os pecados. A penitência contribui para o cuidado e o tratamento correto das chagas e das feridas mais graves nas ovelhas de Cristo. O próprio Deus bondoso e misericordioso Pai instituiu e ordenou ao seu povo, por meio de seus santos apóstolos, que a disciplina e a penitência fossem praticadas. E, em sua igreja, ela foi mantida com dedicação e empenho enquanto permanecia nela a ordem correta e era atendida por bispos e curadores da alma de verdade. A essa prática, o Senhor também sempre conduziu, e ainda conduz, seus filhos realmente obedientes por seu santo Espírito.

Então, como essa é a realidade, e nem pode ser outra, nós acolhemos a instrução da divina Sagrada Escritura, ainda que alguns cristãos tenham dúvidas a seu respeito. Ela estabelece que todos que foram incumbidos do pastoreio na igreja, seus principais médicos e curadores da alma são obrigados a reintroduzir e restabelecer nas igrejas essa medicação do castigo temporal e da penitência dos pecados. E, dessa forma, é preciso voltar a aplicar as chaves para o Reino dos Céus, fazendo uso adequado delas. Devem exercitar a utilização adequada de ligar os pecadores à penitência e desligá-los do pecado, com vistas à reconciliação.

Portanto, como já apontamos no início desta argumentação, essa penitência pública, imposta aos que pecaram, é um medicamento para as chagas e feridas graves que requerem um purgante forte, que corroa e queime o mal.

Além disso, há as pequenas transgressões cotidianas, como o menos perigoso esquivar-se da palavra, da oração e das reuniões da igreja. Ou toda conversa inútil, todos os festejos exagerados e o esbanjamento desmedido das dádivas concedidas por Deus. Além disso, também há a omissão na ajuda e no socorro não muito prejudicial ao próximo; a raiva e a irritação comedida contra ele e coisas semelhantes. Dessas faltas e transgressões, nas quais um justo cai diariamente sete vezes – ou seja, muitas vezes –, o Senhor requer que elas sejam perdoadas setenta vezes sete (Mt 18.22). Esses pecados e essas transgressões, os cristãos confessam e se penitenciam em todas as suas orações e em todos os seus exercícios bem-aventurados, tanto sozinhos como nas reuniões divinas. E, quando os curadores da alma encorajam essa confissão, essa penitência e essa correção comum e diária, mediante suas admoestações fiéis, curam as ovelhas de Cristo dessas pequenas feridas cotidianas.

Mas, lamentavelmente, muitos também caem nas faltas graves e ferem-se interiormente. Refiro-me às faltas e feridas das quais o apóstolo fala na terceira citação: brigas feias e recorrentes, inveja, raiva, conflitos, mexericos, orgulho, vaidade, revolta, imoralidade explícita, ciúme e coisas semelhantes. Acima de tudo está o grave desprezo proposital de Deus, tanto no abandono como no deboche das práticas divinas tanto no falso juramento como no amaldiçoar. Também ferem o homem interior a desobediência e o desprezo descarados das autoridades e de todos os superiores. Quando os médicos e os curadores da alma ficarem sabendo que as ovelhas de Cristo estão machucadas com tais ferimentos e males, essa única passagem de Paulo lhes mostra o que se deve empreender contra esses males e feridas. É evidente que, em relação aos que caíram nesses pecados, o apóstolo tomou não apenas a providência de encorajá-los à penitência por meio de admoestação e de seu exemplo, como também os constrangeu por meio de rigorosa e perseverante insistência.

Por isso, quando, nas igrejas, houver verdadeiros pastores e médicos da alma, e quando essas igrejas forem bem e adequadamente conduzidas, eles jamais se conformarão com essas chagas e feridas do homem interior, quando as perceberem nas ovelhas de Cristo. Jamais as deixarão continuar a viver sem penitência. Mas, se tais pessoas não se deixarem conduzir à penitência pela delicadeza, as igrejas, como o apóstolo Paulo o fez, não os pouparão, mas lhes demonstrarão o poder de Cristo. Serão severas, impondo-lhes humilhação e os flagelos necessários para expor a podridão carnal, o arrependimento fingido e a correção aparente. Ao agirem assim, esses pastores e curadores da alma são reconhecidos pelas igrejas como verdadeiros servos de Cristo na cura da alma e no pastoreio. Como o Espírito de Cristo não realizaria e agiria também neles o que ele realizou e agiu por meio de Paulo? Ele também já o havia ordenado e estabelecido ao seu teimoso povo da antiga aliança, como assinalamos.

Mas existem males ainda mais graves e perniciosos, como a negação proposital da fé, a conversão ao culto a um deus falso, a alegria proposital na blasfêmia contra Deus, a sedução consciente por meio de doutrinas falsas, o assassinato, o adultério, os julgamentos e os testemunhos falsos e coisas semelhantes.

Esses males requerem uma seriedade e um empenho ainda maiores quanto à disciplina e à penitência. Por isso, Paulo lamenta que nem todos os membros da igreja se tenham doído e penitenciado, no caso daquele coríntio que coabitara com sua madrasta – um exemplo dessas chagas mais perigosas. E Paulo escreve que, quando vier a Corinto, cuidará para que sejam humilhados à penitência todos que haviam pecado anteriormente, mas que ainda não se penitenciaram da desunião, da prostituição e da imoralidade que haviam praticado aberta e despreocupadamente.

Portanto, a penitência sincera requer a cura da alma, que o amado apóstolo considera verdadeira. Deus queira que os curadores da alma também se penitenciem por e com aqueles que pecaram tão gravemente e que, até agora, foram considerados tão indignos que ficaram abandonados sem penitência alguma. Enquanto estavam sob lideranças legítimas, as igrejas disciplinavam com penitências longas e severas todos que tivessem caído em pecados tão graves, mas que desejavam ser resgatados deles.

Mas por quanto tempo e quão severamente deveriam impor penitência às pessoas que caíram em pecados graves e perniciosos ou àquelas que cometeram faltas mais graves e mais perniciosas ainda? Isso precisa ser avaliado caso a caso, pois a verdadeira finalidade e a salutar medicação consistem em combater o pecado, e não agravar ainda mais os estragos.

De que maneira tal penitência pode ser prejudicial? Algumas pessoas, por exemplo, acabam sendo levadas a abandonar a igreja e toda e qualquer disciplina por causa da penitência severa demais. O reconhecimento e o arrependimento dos pecados delas, bem como sua correção, poderiam ter sido alcançados por uma penitência mais branda. Em relação a essas pessoas, deve-se agir com mais brandura, pois são preferíveis uma penitência branda e uma correção precária a correção alguma.

Mas, ao caírem em pecados mais graves, as pessoas recusam qualquer disciplina e penitência. Também não sentem arrependimento de seus pecados e desprezam de tal modo Cristo e sua igreja que nenhum servo fiel da igreja poderá absolvê-las das amarras do pecado e acolhê-las, de novo, na comunhão de Cristo. O Senhor ordenou absolver de seus pecados apenas os arrependidos que creem em sua Palavra. Aqueles que não querem acolher a Palavra dele na igreja devem ser considerados pagãos, como os que abandonaram a igreja.

A outra situação, na qual a imposição da penitência pode ser prejudicial, ocorre quando é imposta sem a verdadeira e fiel seriedade e atenção à consciência. Isso acontece quando as pessoas aceitam e obedecem à disciplina exterior, mas continuam sem se arrepender e melhorar de coração. Esse desvirtuamento logo se tornou predominante na igreja, quando bispos relapsos não atentavam mais para as consciências e para o arrependimento piedoso, mas apenas para o cumprimento dos exercícios exteriores e da flagelação do corpo. Então, abrandou-se a penitência, sem levar em conta se as transgressões eram graves ou insignificantes, ou ainda sem levar em consideração a situação dos penitentes.

Em vista disso, também elaboraram seus livros de penitências, nos quais determinavam uma penitência específica para cada pecado. Por exemplo, para um assassinato proposital, um juramento falso e um adultério, estabeleciam iniciar com um *Caren*,[3] ou seja, com jejum de água e pão por quarenta dias consecutivos; seguido, depois, do jejum de água e pão por sete anos, em três dias da semana – nas segundas, quartas e sextas-feiras –, além de muitas outras abstinências e exercícios. Para pecados menores, havia redução do tempo e da medida do jejum e das outras abstinências. Com o tempo, esses jejuns caíram em desuso e foram substituídos por doações de alimentos aos pobres, ou de dinheiro para resgatar presos, para os servos da igreja – os monges – e para os pobres ou, simplesmente, por ofertas depositadas no altar. Nesse contexto, então, surgiram as indulgências, que não são outra coisa senão a dispensa dessas penitências impostas pela igreja católica.

Assim, surgiram e foram introduzidos sucessivos abusos pelo desleixo dos bispos. No momento em que eles passaram a prescrever castigos para os pecados como se fossem castigos mundanos, costumavam ser encontrados mais nas cortes palacianas do que em suas igrejas. Também exerciam mais funções governamentais do que se importavam com a cura

---

[3] Do latim *careo*, remete a algo de que se abre mão. [N. T.]

da alma. Isso começou quando os francos passaram a reinar pelo rei Carlos Magno e seus descendentes, a saber, por volta e depois do ano 800 d.C.

A partir daquele tempo, o descaso com a penitência e outras atividades de cura da alma aumentou cada vez mais, até chegar ao ponto em que a penitência pública não era mais imposta a ninguém que assassinou, roubou ou incendiou propositalmente, nem aos hereges – se bem que nem a todos –, ou às mulheres depravadas, mesmo que quisessem livrar-se de sua existência depravada. Assim, a penitência tornou-se um mero adendo e deixou de ser uma medicação para a alma. Em virtude dessa decadência de todas as práticas de penitência, não sobrou mais do que a imposição de algumas rezas, missas e peregrinações, eventualmente até mesmo um jejum e esmolas, às pessoas que vão à confissão. Mas pouco se busca o arrependimento verdadeiro e piedoso, como, lamentavelmente, atestam visivelmente tanto os confessores como os que vão confessar-se.

Toda essa perversão e todo esse descaso com a penitência provieram, inicialmente, do fato de os curadores da alma atentarem e insistirem mais nas obras exteriores do que na fé e no arrependimento de coração. As obras externas, por mais severas que fossem, qualquer um poderia realizar. Mas ninguém pode gerar o verdadeiro arrependimento sem se entregar, de fato, à verdadeira fé em Cristo, nosso Senhor. Somente dela provêm e irrompem o amor ardente e o desejo de viver de acordo com a Palavra de Deus; o empenho de crucificar e eliminar todos os desejos e anseios pecaminosos. Essa fé, esse amor e essa dedicação não se encontram em muitos. Por isso, Ambrósio também escreve que lhe era mais fácil encontrar alguém que preservava a inocência do que alguém que, depois de ter caído, se tivesse penitenciado real e corretamente.

Por esse motivo, os amados pais, desde os tempos apostólicos, aplicavam a penitência não ao pecado em si, como os bispos relapsos vieram a fazer, mas às pessoas que haviam pecado. Eles avaliavam cada um individualmente. Consideravam com fidelidade a situação e a capacidade de agir conforme um cristão de cada um, bem como de toda a igreja. Somente, então, prescreviam a duração e a medida da penitência para que ela servisse a ambos, ao que havia pecado, bem como a toda a igreja. Pretendiam, com isso, que todos se tornassem mais inimigos do pecado, se libertassem de seus desejos e cobiças, e se empenhassem mais por toda bem-aventurança.

Por isso, os amados pais consideravam a penitência pública um novo batismo e um novo retorno pleno dos pecados para junto de Deus. Não admitiam que fosse imposta a alguém mais do que uma vez na vida, a fim de que a penitência não viesse a ser desconsiderada como algo exterior – como Agostinho escreve aos macedônios – e deixasse de resultar e de exigir renovação para a bem-aventurança.

Esse é o segundo equívoco na penitência e, talvez, o mais perigoso. Pois ele a degrada a uma ação simbólica exterior, impedindo que seja usada no propósito para o qual Deus a instituiu e ordenou à sua igreja. A saber, ao propósito de conduzir o homem para a contemplação profunda e piedosa de sua injustiça, da grave ofensa à bondade divina, bem como de sua própria condenação. Assim, o pecador torna-se mais desejoso da graça divina e mais hostil ao pecado. Acabará por se entregar com mais integridade e de coração a Deus, amando-o mais intensamente ao reconhecer que lhe foi perdoado mais. Crucificará e mortificará em si mesmo todos os maus desejos e ambições, despertando e estimulando o empenho de fazer a vontade e os desejos de Deus (2Co 7).

O terceiro erro na penitência se dá pela severidade excessiva, de modo que os penitentes afundam em tristeza exagerada e se desesperam. Preocupado, o amado Paulo menciona isso aos coríntios. A verdadeira penitência deve brotar da fé em Cristo. Por isso, a esperança na graça jamais pode ser omitida. Ainda que haja temor e tremor, eles não podem chegar ao ponto de desprezar e ferir gravemente a infinita e inexprimível misericórdia de Deus sobre nós. A penitência deve socar e esmurrar até o chão a ousadia da carne. Deve tornar sofridos e amargos todos os prazeres sem Deus, mas não a ponto de ofuscar a visão, o conhecimento, a esperança e o amor em relação à bondade de Deus em Cristo Jesus, nosso Senhor, de modo que conduza ao desespero.

Como em qualquer atividade útil e necessária, também na penitência muitos perigos estão à espreita. Assim, é preciso haver grande empenho, sabedoria e conhecimento espirituais verdadeiros para aplicar e dosar a penitência, de tal maneira que ela motive, conduza e encoraje as pessoas ao arrependimento sincero e realmente piedoso. Que ela não venha a induzir alguém a abandonar a igreja – o primeiro perigo da penitência; não force a simulação de aparência exterior de arrependimento – o segundo perigo; nem leve alguém ao desespero – o terceiro perigo.

Por isso, as igrejas devem aplicar-se com seriedade e prioridade máximas a buscar presbíteros realmente capacitados, como expusemos no capítulo anterior. Da mesma forma, as igrejas também devem orar diariamente pelos que exercem essa função, para que eles se apliquem à cura da alma e à medicação com propósito salvífico. Por maiores que sejam os perigos na aplicação desse remédio da alma, e por mais que o diabo tenha abusado pesada e longamente dele por meio dos falsos servos na igreja, os verdadeiros filhos de Deus não deixarão de reconhecer que é necessário e salutar que ele seja restabelecido. Eles não desprezarão a ordem de se penitenciar, ordem que o Senhor deu ao seu povo da antiga e da nova alianças. Pois recomenda-a seriamente pelo Espírito Santo, a fim de beneficiar grandemente os seus filhos, que se submetem a ela.

> *Apesar dos seus perigos e abusos, a cura da alma é necessária e não pode ser deixada de lado pelos verdadeiros cristãos.*

Mesmo que o velho inimigo das igrejas tenha depravado tanto e por tanto tempo esse remédio santo e bem-aventurado, há pessoas de bom coração que não querem desprezar esse ordenamento do Senhor. Mas, ainda assim, pensam que ele não é aplicável a nós. Acham que, por esse motivo, ele também não nos foi ordenado explicitamente. Queremos abordar brevemente seu argumento.

Em primeiro lugar, dizem que Deus prometeu por meio do profeta Ezequiel: *Quando o ímpio se converter dos seus pecados e fizer o bem, as transgressões que cometeu não serão mais lembradas.* Ele também ordenou aos seus, em Mateus 18.15-35 e Lucas 17.3-4, que, se um pecador vier e disser que se arrependeu do seu pecado, devemos perdoá-lo. Para que serviriam, então, toda disciplina e toda penitência, depois de o pecador afastar-se dos pecados, arrepender-se e desejar a graça divina?

Resposta: nada pode ser feito por nós para alcançar o perdão dos pecados, pois eles já estão perdoados pela misericórdia de Deus. Também não podemos expiar pecados já cometidos, pois isso é feito unicamente pelo sangue de Cristo. Mas a disciplina e a penitência são necessárias para reconhecermos e temermos mais o pecado. Além disso, elas levam a apreciar a graça de Cristo ainda mais, de modo que nos apliquemos com mais dedicação para não recebê-la em vão e evitar que venhamos a recair outra vez em pecado.

Quem seria tão desentendido das coisas divinas e da natureza e da maldade humanas para não entender isso? Se as transgressões graves fossem penitenciadas com rigor, como o santo apóstolo ensinava e como era o costume santo e bendito das igrejas antigas, corretamente estabelecidas, não haveria, entre todos os filhos de Deus, um temor e um horror em relação ao pecado? Não se empenhariam muito mais intensamente em levar uma vida cristã verdadeira, diferente daquela que observamos atualmente entre nós?

Onde há penitência em nossas igrejas também haverá mais temor do pecado.

Adão admitiu seus pecados e desejou a graça, pelo que foi perdoado e Deus não mais se lembrou de sua transgressão com o propósito de condená-lo. Ainda assim, Deus impôs a ele – como a todos os seus descendentes – a morte, muitos sofrimentos e tribulações, com vistas à sua penitência e à sua restauração.

De forma semelhante, Deus também perdoou o povo de Israel, quando confessavam seus pecados e desejavam a graça. Mas ele também fez todos se penitenciarem seriamente, impondo-lhes errar pelo deserto por quarenta anos. Assim, todos que haviam saído do Egito, exceto Josué e Calebe, tiveram de morrer. Nem Moisés nem Arão puderam entrar na terra prometida, ainda que Deus lhes tivesse perdoado os pecados.

Miriã, a irmã de Moisés, criticou seu irmão e a função dele, de modo que o Senhor a fez sofrer de lepra. Logo ela confessou seu pecado e clamou por graça. Moisés intercedeu por ela, mas o Senhor lhe respondeu: *Se o pai dela lhe tivesse cuspido no rosto, ela não se envergonharia por sete dias? Coloquem-na para fora do acampamento por sete dias; depois acolham-na de volta.* Sem dúvida alguma, o Senhor lhe havia perdoado tão logo ela lamentara seu pecado de verdade. Mesmo assim, ele quis que ela se penitenciasse por sete dias. Obviamente, ele estabeleceu isso para o bem dela e de todo o povo.

De modo semelhante, o Senhor agiu com Davi e com outros que já mencionamos. Também os apóstolos e os pais da igreja – melhor, o Espírito Santo que agiu neles – procederam da mesma forma com aqueles que haviam pecado. A penitência não serve para expiar pecados passados, mas é um medicamento que previne de pecados presentes e futuros, pois purga e purifica os desejos e as cobiças pecaminosas mencionadas. Preserva, assim, de transgressões futuras. É suficiente que a penitência arranque o que causa o pecado e barre o acesso às cobiças que induzem a pecar.

Em vista disso, todos os verdadeiros curadores da alma devem consolar firmemente, com o perdão dos pecados, todos aqueles que pecaram, que querem abster-se dos pecados e que anseiam pela graça. Para tanto, basta que creiam verdadeiramente em Cristo e se arrependam igualmente do pecado. Mas o Senhor ordenou aos mesmos curadores da alma que eles, também na igreja, devem ligar à penitência e desligar das imposições dela; e devem desligar os arrependidos que estão melhorando.

Qualquer oficial civil correto só pode soltar sua mão de alguém que estiver punindo se, anteriormente, prendeu por ordem de seu Senhor terreno. Suponha que o servo de um soberano tenha cometido uma grave falta contra ele, arruinando sua vida. No entanto, seu senhor aceita o pedido de desculpas dele e sua promessa de melhorar, perdoando-o. Mas, além disso, ele também pretende que o arrependimento e a correção desse servo sirvam de bom exemplo. Assim, para beneficiar os demais cidadãos, impõe-lhe alguma penitência. Então, temerosos, estes se absterão de semelhantes maldade e desobediência. Esse soberano ordenará ao seu oficial: "Deves perdoar e poupar a vida de todos que lamentam sua desobediência". Mas, como exemplo para os demais, ordena que seja açoitado um pouco, a fim de que também sinta que realmente lamenta seu pecado e sua transgressão.

Se esse oficial quer obedecer realmente ao seu senhor, ele poderia deixar de impor alguma penitência ao faltoso? Não deve observar diligentemente, se aqueles a quem havia perdoado a pedido de seu Senhor estão melhorando de verdade? Todos que queriam melhorar estariam perdoados tão logo o soberano concedeu o indulto graciosamente. Eles teriam plena certeza disso só algum tempo depois, tão logo o oficial comunicasse a eles. Apesar disso, eles se submeterão de coração aos castigos impostos, a fim de ajudar a melhorar os demais, a quem confundiram anteriormente. Por isso essas e todas as penalidades impostas, inclusive a pena de morte, são consideradas benéficas.

Enfim, como já mencionado diversas vezes, nas igrejas tudo que afasta e livra do pecado deve ser aplicado e exercitado com afinco. Por que, então, não se deveriam aplicar e exercitar, com toda a seriedade, essa melhoria, essa disciplina e essa penitência na igreja de Cristo? Por que não exercitá-la, apesar de toda a graça de Deus e de o pleno perdão dos pecados já terem sido concedidos, tão logo nos arrependemos dos pecados e desejamos a graça pela fé em Cristo? Nisso tudo, bem como nas demais coisas que a verdadeira comunhão cristã requer, toda a incompreensão e todo o escândalo advém da lamentável falta de conhecimento e consideração sobre o tipo de comunhão que os cristãos devem cultivar em conjunto.

Também se ignora quanto a verdadeira cura da alma e a obediência ao evangelho requerem a verdadeira fé em Cristo.

O outro contra-argumento é o seguinte: alguém cometeu um pecado grave e perturbou a comunidade de Deus profundamente. Para a correção dessa pessoa e para o aperfeiçoamento das demais, basta um breve tempo de disciplina e penitência eclesiásticas. Mas excluí-la da santa ceia, se estiver arrependida, não combina com o evangelho. Pois, se estiver verdadeiramente arrependida de seus pecados, essa pessoa deve ser consolada. Deve-se oferecer a comunhão com o Senhor na santa ceia como o consolo especial de que nossos pecados foram pagos por Cristo, nosso Senhor. E, como ninguém pode penitenciar-se a não ser em Cristo, essas pessoas devem ser convidadas para a comunhão com Cristo e jamais excluídas dela.

Resposta: essa questão, como todos os demais assuntos relacionados à disciplina cristã, não pode ser abordada a partir de nossa razão, mas deve ser vista a partir da Palavra de Deus. É fato que os verdadeiramente arrependidos devem ser consolados e encorajados para a comunhão com Cristo e jamais excluídos dela. Também é verdade que, na santa ceia, é partilhada a comunhão com Cristo, o consolo mais profundo. No entanto, também é verdade que o consolo de Cristo não é compartilhado frutífera e corretamente, a não ser que se reconheça antes a profundidade dos estragos do pecado. Em virtude disso, só recebe a Ceia dignamente quem tiver o Espírito contrito e atemorizado e se torna divinamente abatido pela tristeza que Deus gera. Essa tristeza segundo Deus produz o arrependimento para a salvação, do qual ninguém se arrepende jamais, como o santo apóstolo escreve em 2Coríntios 7.

> *Quem pecou e se arrependeu deve ser consolado de tal forma que seja encorajado ao arrependimento perfeito.*

Por isso, Deus, nosso Pai celestial, instituiu a penitência, como já a descrevemos detalhadamente aqui. Os que pecaram gravemente, em primeiro lugar, devem ser humilhados, disciplinados e penitenciar-se. Devem ficar abatidos e entristecidos por Deus, não a ponto de se desesperarem e desprezarem a esperança e a misericórdia. Mas devem, sim, vir a se lamentar sinceramente e sentir-se mal por terem contrariado a bondade eterna de Deus e tão impiedosamente menosprezado e destratado a redenção de seu Filho.

O lamento e o arrependimento de cada um também se evidenciarão com mais seriedade quanto mais esperança o faltoso tiver na misericórdia de Deus e na salvação por Cristo. Quem vive plenamente em Cristo, nosso Senhor, também enaltecerá a bondade de Deus e a redenção por Cristo. Ele a apreciará mais e buscará a Deus, revestido pelo Espírito de Cristo. Disso tudo, resultará, necessariamente, que ele se envergonhará, em si mesmo e também diante dos demais crentes, do pecado de haver desprezado a bondade divina e a salvação em Cristo. Ele se lamentará e se crucificará por causa da comunhão com satanás, a quem se entregou ao abandonar pecaminosamente a comunhão com Cristo.

Naqueles que pecaram há tanta disposição para arrependimento e penitência sinceros quanto a esperança que eles têm em Cristo.

Um filho, por exemplo, rebela-se terrivelmente contra seu pai, mas depois se converte verdadeiramente ao amor e à vontade paternos. Então, ele se humilhará tanto mais diante de seu pai e de seus irmãos obedientes quanto mais seriamente lamentar e penitenciar seu pecado. Apreciará tanto mais o perdão e a bondade de seu pai e de seus irmãos quanto mais sentir a mordida de seu pecado. O mesmo ocorre com qualquer cristão verdadeiramente arrependido: quanto mais buscar e desejar de coração todas as disciplinas e penitências da igreja, mais experimentará a misericórdia de Deus e o amor de todos os santos. Será movido com mais poder pelo Espírito de Cristo. Não será diferente quando um filho perdido volta à casa de seu Pai celeste, ou seja, à igreja. Quanto mais bondoso o Pai e toda a casa se revelar, mais ele abrirá seu coração e confessará seu pecado, submetendo-se a todos os castigos e disciplinas, e dizendo: *Pai, pequei. Não sou mais digno de ser chamado teu filho. Aceita-me como um de teus trabalhadores.* Esse filho, de coração, desejará experimentar na própria carne a comunhão com os sofrimentos de Cristo. Também desejará tornar-se semelhante à morte de Cristo, a fim de que sua pecaminosidade seja mortificada. Assim, ele se aproximará mais de Cristo, nosso Senhor, na ressurreição dos mortos. Em tudo será encontrado em Cristo, não por sua própria justiça, mas pela de Deus (Fp 3.9-11).

Dessa maneira, os que pecaram e se arrependeram devem ser consolados e encorajados a ter comunhão com Cristo. No entanto, isso precisa ser feito de tal modo que sejam consolados em Deus e tenham realmente parte em Cristo, nosso Senhor. Isso, por sua vez, requer, como temos visto em Cristo, nosso Senhor, que a humilhação e a tristeza sobre o pecado precedam todo perdão da igreja e a comunhão plena com os santos. Sim, aqueles que se levantam de tão graves pecados desejam receber o verdadeiro consolo em Deus e a comunhão em Cristo. Esse desejo produz neles uma humilhação e uma tristeza temporárias. Podemos conferir isso em Davi, em Pedro, nos coríntios e em todos que nos são apresentados como exemplos de verdadeiro arrependimento. Também na parábola do filho pródigo: antes de o pai correr ao seu encontro, de abraçá-lo, de vesti-lo com roupas finas e de lhe preparar um banquete alegre, o filho teve de sofrer miséria e fome, humilhando-se diante do pai, dispondo-se a qualquer disciplina.

A santa ceia é a mais maravilhosa e alegre memória e comunhão com o Senhor. Nela, celebramos o indulto supremo e a paz plena. Nela, é compartilhada a comunhão perfeita com Cristo e com todos os seus membros. No entanto, o Espírito Santo ordenou que as igrejas sempre cuidassem para que os arrependidos sejam consolados cordialmente com a graça de Deus e a salvação de Cristo. Também deveriam ser encorajados a buscar a comunhão com Cristo, pois somente ela gera o verdadeiro arrependimento. Mas eles devem ser excluídos e impedidos de participar da santa ceia até que tenham demonstrado arrependimento com verdadeira humilhação. Então, a igreja os indultará plenamente e lhes perdoará os pecados. Também na antiga aliança, os penitentes não eram admitidos nos principais sacrifícios de gratidão antes de completarem sua penitência e purificação, ainda que naqueles sacrifícios a comunhão com Cristo e com a graça de Deus não fossem comunicadas tão maravilhosa e concretamente quanto acontece na santa ceia. Essa mesa foi ordenada aos discípulos de Cristo, os quais, em todas as coisas, são um só corpo, um só pão, com ele. Mas os que estão "ligados" pela penitência e não receberam o perdão da igreja ainda não podem ser considerados unidos assim a Cristo. A igreja também não pode perdoar alguém tão logo diga: "Eu me arrependo do meu pecado", mas que, no mais, não demonstre arrependimento algum.

Pedro chorou amargamente. A mulher arrependeu-se tanto que lavou os pés de nosso Senhor com suas lágrimas. O filho perdido penitenciou-se por tanto tempo e tão duramente na miséria que voltou com o coração abatido e o espírito atemorizado ao pai. Então, confessou publicamente seu pecado. A pessoas assim, a igreja logo pode perdoar e celebrar, sem reter delas a bendita santa ceia de Cristo, como o exemplo de seu Senhor e esposo lhe ordena. Mas nem todos que pedem a graça de Cristo com palavras demonstram arrependimento sincero.

O oficial correto, mencionado anteriormente numa comparação, havia recebido de seu senhor a ordem de indultar aqueles que demonstrassem arrependimento e que buscassem melhorar. Mas ele não pôde comunicar a graciosidade de seu senhor terreno imediatamente a qualquer um que lhe dissesse "Eu vou me corrigir". Quanto menos cabe aos servos fiéis de Cristo anunciar a graça eterna dele imediatamente a qualquer um, apenas por declarar: "Arrependo-me dos meus pecados e quero corrigir meu modo de viver"; sem, de modo algum, demonstrar à igreja seu arrependimento e sua vontade de melhorar a própria vida. Os mordomos e os servos de Deus devem agir em todos os assuntos divinos com toda verdade e seriedade. Por quanto tempo o mais bondoso e misericordioso apóstolo manteve os coríntios na penitência anteriormente mencionada? Por quanto tempo Ambrósio manteve o imperador Teodósio nela?

Na santa ceia, recebemos e, nela, é-nos comunicado que pecamos, obtendo o pleno perdão dos pecados. Porém, os servos fiéis não podem perdoar os pecados a ninguém que não demonstre, com verdadeira seriedade e exemplo corajoso, seu arrependimento e seu desejo de melhorar realmente. Em seu livro *Da penitência*, Ambrósio escreve que aqueles que, logo depois de se reerguerem do pecado, desejam ser admitidos à mesa do Senhor intencionam mais ligar os presbíteros ao pecado do que desligar a si mesmos dele. Pois os presbíteros, ao admitirem tal antecipação e os perdoarem, cometem pecado grave, tornando-se participantes do pecado de terceiros, ao deixarem de medicá-los corretamente com o remédio da penitência ordenado por Deus.

Disso tudo, concluímos que aqueles que acham que não se deve excluir da santa ceia ninguém que a deseja, tal pessoa ainda tem um conhecimento precário de Cristo. Ainda não foram ensinados suficientemente sobre o reino de Cristo. Não se preocupam com que tipo de pessoas são partilhadas a suprema comunhão de Cristo e sua paz celestial. Lamentavelmente, elas sabem quanta gente miserável ofende a comunidade de Deus com escândalos terríveis. Por exemplo, veem os que vivem por muito tempo em inimizade visível contra seu próximo, cultivando ódio profundo e maldição, difamação e outras atitudes visivelmente injustas contra seu próximo. Ou os que pecam, ferindo o próximo, vivendo em imoralidade depravada ou caindo em blasfêmias e desprezo indizíveis. Mesmo assim, essas pessoas querem participar da mesa do Senhor, sem revelar sinal algum de seu arrependimento. E mais: sem terem o mínimo reconhecimento de seu pecado ao entrarem na igreja. Lamentavelmente, elas também saem da degustação da ceia sem se reconciliar com o próximo.

O amado Paulo não deveria escrever também a nós, que nos portamos tão desleixadamente, o que escreveu aos coríntios? Quão mais severamente do que jamais fez com eles o apóstolo deveria repreender-nos pelo orgulho e pela falta de atenção à salvação das pobres ovelhas feridas de Cristo? Da mesma forma, o mártir Cipriano também nos acusaria mais veementemente, como culpados do corpo e do sangue do Senhor. Ele não nos chamaria de açougueiros das ovelhas de Cristo, como falou severamente a seus contemporâneos, que haviam negado sua fé no contexto de perseguição, mas logo queriam ser readmitidos à mesa do Senhor?

Há alguns séculos, certamente o anticristo eliminou toda disciplina e toda penitência das igrejas, como já mencionamos brevemente. Ao integrarmos a reforma dos evangélicos, tínhamos de ousar restaurá-las de novo. Deixamos de prometer paz às pessoas que, em sua falta de penitência, nem querem ter paz. Fazemos isso a fim de não fortalecer as mãos dos ímpios. Não pintamos as paredes com algo que não dura, nem beijamos ou seduzimos as pessoas com práticas ilusórias colocadas em seus braços e em suas cabeças. Isso apenas despertaria a insuportável ira e o terrível castigo de Deus, com que o Senhor atinge os falsos profetas (Cf. Ez 13.1-16).

Alguns apresentam mais um contra-argumento nesse assunto. Alegam a passagem em que Paulo escreve: *Examine-se cada um a si mesmo e então coma do pão*. Por isso afirmam que apenas devemos lembrar as pessoas do autoexame. Quem, então, não quiser avaliar a si mesmo o faz por sua conta e risco. No entanto, quem argumenta assim também precisa lembrar que, da recomendação do apóstolo de cada um avaliar a si mesmo, não se pode deduzir que os curadores da alma e os que exercem o pastoreio não devam interferir e contribuir para essa autoavaliação. Portanto, quando as pessoas não avaliam a si mesmas, mas perturbam profundamente a igreja com seus pecados, os curadores da alma não podem omitir-se em cumprir o que o Senhor exigiu deles e lhes ordenou claramente (Cf. 1Co 5.11-12). A saber: que devem ser excluídos da comunidade os impenitentes, até eles chegarem a se arrepender e se penitenciar, até provarem suficientemente seu arrependimento às igrejas, como já temos explicado aqui.

Aqui o equívoco reside em não sabermos, ou compreendermos mal, o que a igreja cristã e a comunhão dos santos vêm a ser. Também ignoramos qual é a função do pastoreio ao exercer a cura da alma e a disciplina cristã. Por isso, o diabo jamais deixará de fazer algo que venha a afastar sempre mais as ovelhas dos pastores; os enfermos, dos médicos; e os professores, dos alunos. O diabo se empenha em que a Palavra do Senhor, ainda que seja ouvida, não seja corretamente acolhida; que alguém pense em ser cristão, mesmo que viva de modo carnal, sem temor, disciplina ou consagração.

O terceiro contra-argumento é o seguinte: não recomendam excluir, ao mesmo tempo, também da santa ceia aqueles que, temporariamente, estão submetidos a penitências porque pecaram gravemente, mas que desejam a graça. Dizem que isso, ao menos, não seria necessário naqueles lugares e naquelas comunidades que contam com autoridades cristãs que punem todas as depravações graves e não toleram escândalos. Além disso, entendem que a punição das autoridades, para a maioria das pessoas, é muito mais eficiente do que todos os castigos e todas as disciplinas eclesiásticas.

Quem contra-argumenta assim não sabe ou não lembra qual é a diferença entre as autoridades governamentais e a cura da alma dos presbíteros na comunidade cristã. As autoridades exercem o poder temporal supremo sobre todas as pessoas, a fim de que cada um sirva e contribua para que toda a comunidade e todos que a ela pertencem vivam bem e em paz. Eles cumprem e exercem sua função nos súditos que governam por meio de ensinamentos, disciplina, leis, além de todo tipo de incentivos e castigos. Também zelam para que ninguém, de dentro ou de fora, impeça o bem-estar da comunidade. Cuidam não apenas para que ninguém que vive na ou junto à comunidade seja ofendido ou acusado; mas também que ninguém prejudique a comunidade, vivendo imoral e ociosamente, mas que sirva e se dedique aos demais.

Mas os governantes não ensinam pessoalmente seus cidadãos a ler e escrever, as belas-artes e todas as demais habilidades. Para isso, nomeiam aqueles que, por sua natureza, são aptos, hábeis e foram treinados, dando-lhes poder para ensinar os demais, não apenas com palavras, mas também fazendo-os comportar-se adequadamente, sempre que necessário, com disciplina e castigo. Assim, os governantes, acima de tudo, também nomeiam com cuidado redobrado as pessoas aptas a promover a religião. Essas pessoas devem ensinar ao povo a bem-aventurança, da qual todo bem procede e é mantido.

O ensino da bem-aventurança requer muito mais temor e disciplina do que todos os demais, porquanto esse ensino da religião deve guiar as pessoas de sua conduta e natureza corrompidas para um comportamento divino mais elevado. Seu dever é mudar e renovar as pessoas totalmente. Por isso, inclusive entre os gentios, todas as autoridades sábias, sensatas e bem-aventuradas não apenas admitiam, como também ordenavam e requeriam sempre que os servos na santa religião e os mestres da vida agradável a Deus – ou seja, da bem-aventurada vida eterna – também fossem temidos e exercessem poder espiritualmente. Eram autorizados a disciplinar e castigar a todos que, por meio disso, pudessem ser aprimorados para uma vivência bem-aventurada.

Jamais tivemos na terra muitas autoridades que promovessem tudo que favorece sempre mais o ensino e a prática da bem-aventurança, da paz, do bem-estar, da disciplina e dos bons costumes em geral. Se o Deus bondoso nos desse tais autoridades, que governassem, como nos ensina Platão, sempre dedicados ao ensino e à advertência fiel dos castigos, ainda assim teríamos grande necessidade da disciplina e do castigo paternais dos presbíteros na igreja. Somente eles, pela palavra de Cristo e no poder do Espírito Santo, podem atuar com fidelidade para que a depravação de cada pobre alma seja contida e vencida. Só então poderá haver verdadeiro arrependimento e melhorias consistentes a partir da fé nos filhos de Deus que pecam.

Certamente, as autoridades seculares tementes a Deus também castigam por incumbência de Deus e de Cristo, nosso Senhor, a quem foram dados todo poder e toda jurisdição no céu e na terra. Por isso, os castigos deles também tocam a consciência dos cristãos, pois, segundo a palavra de Paulo, devemos ser submissos às autoridades por causa da consciência. Quando punidos, os cristãos se lembram do perdão que nosso Pai celeste prometeu a todos que, em seu castigo, voltam-se a ele e buscam o consolo de sua misericórdia em Cristo. Essa disposição de espírito e os bem-aventurados uso e acolhida da punição não se encontram em muitos.

Mas, na comunidade cristã, todas as ovelhas feridas devem ser tratadas e curadas, conduzidas ao arrependimento e ao aperfeiçoamento. Isso, porém, somente poderá ser despertado adequadamente pelo serviço espiritual da igreja, que vai além da punição e dos castigos das autoridades seculares, ainda que elas os apliquem de forma cristã, com o critério e a seriedade necessários. Assim, é preciso que as comunidades de Cristo tenham sua própria disciplina e seus próprios castigos, exercidos no nome e no lugar de Cristo, nosso Senhor. Os presbíteros lembrarão os faltosos clara e inequivocamente dos severos juízos de Deus e de que nosso Senhor Cristo expiou nossos pecados. Também mencionarão a ordem explícita e consoladora que deu às suas igrejas: de ligar e desligar na terra o que será ligado e desligado no céu.

O principal motivo para a disciplina eclesiástica é este: nosso Senhor Jesus, o único rei e cabeça das igrejas, a quem a ordenou. Mas em lugar algum ele disse que essa tarefa seria suspensa quando as autoridades civis fossem cristãs e exercessem bem a função de punir o mal com fidelidade. Pelo contrário, da mesma forma como Deus ordenou a disciplina eclesiástica ao povo da antiga aliança ao lado da punição e do castigo pelas autoridades benditas, também a ensinou e revelou claramente pelo apóstolo Paulo. O Espírito Santo levou essa medicação da alma muito a sério, não apenas nos tempos apostólicos, mas também na época dos mártires e dos pais da igreja. Ele requer que essa disciplina e essa punição eclesiástica sejam aplicadas e praticadas entre nós com mais seriedade. Pois ele exige que tratemos todas as feridas da alma com mais empenho e dedicação do que o povo do Antigo Testamento jamais fez. Isso porque a redenção dos pecados nos foi comunicada mais plenamente do que aos antigos. Assim, a igreja deve exercer a disciplina com real seriedade, pois o Senhor, o médico supremo das pobres almas, fará com que ela prospere e produza frutos grandes e visíveis.

Disso tudo, podemos depreender a diferença entre a disciplina e a punição pelas autoridades seculares, por um lado, e a disciplina e a correção pelos curadores da alma, por outro. De igual forma, onde as autoridades exercem sua função de advertir e punir o mal com toda dedicação, a igreja precisa ter sua própria disciplina e penitência, exercida no nome de Cristo e pelo seu Espírito, segundo o poder das chaves que ordenou.

Portanto, onde as comunidades de Deus forem adequadamente atendidas e onde o reino de Deus estiver presente em sua plenitude, as autoridades zelarão dedicadamente, através das leis, advertindo e punindo com palavras e outras ações todos os pecados e todas as transgressões em relação a bens, honra e vida. Acima de tudo, farão isso com aqueles pecados que se referem à nossa religião, combatendo-os e extirpando-os – não deixando ninguém impune em lugar algum, seja quem for. Paralelamente, também promoverão com grande empenho a disciplina eclesiástica e a medicação da alma, que os servos do ligar e do desligar espiritual devem exercer. Eles não apenas devem olhar cuidadosamente para as consciências dos outros, como também foram incumbidos disso especialmente para sua própria edificação. Devem produzir nisso seus próprios frutos pelo Espírito do nosso Senhor Jesus Cristo. Lá estão as chaves para o Reino dos Céus.

O quarto contra-argumento à disciplina e às penalidades eclesiásticas aos que pecaram afirma sua inviabilidade. Eles reconhecem que, em si, seria muito bom se as igrejas tivessem sua disciplina e suas punições específicas, da mesma forma como foram praticadas nos tempos apostólicos da igreja, quando impunham-se punições físicas, exclusão da mesa do Senhor e outras coisas relacionadas. Mas eles argumentam que, entrementes, as pessoas foram deveras desmoralizadas pelos servos da igreja papal. Não mais estão acostumadas a que lhes sejam exigidas disciplina e submissão. Assim, quando se tenta reintroduzir a disciplina nas igrejas, acaba-se por espantar muito mais ovelhas feridas da comunhão com Cristo do que seriam as ovelhas saradas. Desse modo, acabar-se-ia cometendo o primeiro abuso da penitência, ao qual nos referimos anteriormente.

Eles ainda argumentam que, como em nossas igrejas todos são batizados e, portanto, deveriam ser cristãos, não é possível praticar a disciplina e a penitência como na igreja dos apóstolos e dos mártires. Isso porque, naquela época, o número das comunidades era pequeno e os que queriam ser cristãos eram mutuamente muito achegados por causa das perseguições para poderem sobreviver humilde e serenamente. Pois, então, ninguém se identificaria com a fé cristã se não pretendesse segui-la seriamente.

O primeiro aspecto desse contra-argumento questiona se a disciplina eclesiástica seria viável para nosso povo tão desmoralizado, insubmisso e incorrigível, pois ela espantaria muitos da igreja. A isso, respondemos: não pretendemos reintroduzir nem a disciplina nem a penitência de modo mais amplo do que o Senhor nos incumbiu e ordenou. Pois, onde o Senhor ordena e institui, lá também estarão seu Espírito e seu amparo para viabilizar e melhorar com sua assistência o que ordenou. Já afirmamos, quanto a isso, que a penitência e a disciplina eclesiásticas requerem profunda sabedoria espiritual, para não afastar das igrejas os que pecaram, nem induzi-los a simular a penitência ou levá-los ao desespero, mas para mantê-los na igreja e aperfeiçoá-los. Nós almejamos uma disciplina que seja reintroduzida com o tempo e por uma reorganização adequada da igreja. Não afirmamos que podemos implantar isso numa ação repentina, mas, sim, pelo reordenamento oportuno que a obra de Cristo requer para tal penitência. Também não queremos impor nada a pessoas que não querem saber da penitência cristã, ou aplicar um rigor que não seja reconhecido nem usado como medicação salutar contra os pecados.

Mas qualquer pessoa pode entender facilmente que, onde os crentes se unirem no Senhor da mesma maneira e também constituírem servos capazes e bem-intencionados, serão reconhecidos e aceitos como servos e instrumentos de Cristo. Além disso, se eles prestarem, com toda a fidelidade e com toda a modéstia cristã, seu serviço de ensino e a ordem de Cristo nas igrejas e comunidades, como descrevemos detalhadamente aqui, todos os filhos de Deus aceitariam, com gratidão e de todo o coração, o bendito remédio da alma, ou seja, as penalidades e penitências, desses servos e mordomos fiéis do Senhor. Aceitá-lo-iam da igreja toda como vindo do próprio

Cristo, o Senhor. Assim, seriam encorajados e capacitados ao máximo para o arrependimento e para a melhora, sem que nenhuma ovelha fosse afastada da igreja. Mas, se num lugar alguém não quisesse ouvir o Senhor e sua igreja, todos os demais membros de Cristo iriam querer e desejar que essa pessoa desobediente, que despreza a Cristo, nosso Senhor, bem como sua própria salvação, fosse excluída da comunidade, a fim de que um pouco de fermento não azedasse toda a massa. Assim, a disciplina eclesiástica geraria bom aconselhamento e nenhuma confusão. Seria viável e traria melhoramentos que jamais seriam impossíveis ou destrutivos.

No entanto, aqueles que, mesmo assim, temem a disciplina eclesiástica, argumentam que ainda não temos essa comunhão no Senhor. As pessoas não querem submeter-se à verdadeira obediência a Cristo. A isso, respondo que, justamente por causa dessa situação, devemos anunciar, com mais dedicação ainda, o que o Espírito de Cristo exige em relação à disciplina. Devemos mostrar o que ele opera naqueles que lhe pertencem. Então, nós o invocaremos de coração, a fim de que ele nos torne naquilo que ainda não somos; estabeleça o que ainda nos falta; e nos dê o que ainda não temos! Devemos rogar que o próprio Cristo, em sua graça infinita, nos ajude a receber essa medicação da alma, mesmo sem nosso desejo e pedido; que não resistamos a ele nem o evitemos, a fim de que nada nos venha a faltar. Jamais devemos nos iludir, pensando que já somos uma igreja e o povo de Deus perfeitos, se ainda estamos tão distantes de um ordenamento realmente cristão.

Invariavelmente, devemos decidir se queremos ser cristãos ou não! Se queremos ser cristãos e ovelhinhas do Senhor, precisamos atentar verdadeiramente para sua voz, negar a nós mesmos e entregar-nos a ele, a fim que ele viva em nós e nós nele. Somente, então, teremos a comunhão mútua que descrevemos nas páginas anteriores. Deveremos eleger presbíteros da forma como o Senhor requer e, depois, reconhecer e aceitar a obra que Cristo ordenou e opera por meio deles. Se não quisermos orar por isso com toda a seriedade, não deveríamos gabar-nos muito de nossa fé e de nosso espírito cristão. Deveríamos atribuir os empecilhos à disciplina e à penitência cristãs a nós mesmos, e não ao nosso tempo, à destruição causada pelos papas, à pregação da tirania papal ou à liberdade cristã; e à nossa falta de fé e à simulação maliciosa de escrevermos. Gabamo-nos muito do nosso empenho pela fé cristã, mas sem desejarmos e nos importarmos nem um pouco com que todas as coisas sejam feitas de acordo com a fé. Nesse caso, desprezamos a palavra e a ordem do Senhor. E mais: consideramo-las inúteis e prejudiciais, ainda que nelas o Senhor prometa, ofereça e compartilhe conosco a vida eterna.

Isso basta quanto ao argumento a respeito da decadência do povo cristão e da desobediência gerada pelos papistas, que levariam a disciplina cristã a produzir mais escândalos do que aperfeiçoamentos e que, por isso, ela seria inviável.

Agora é preciso responder ao outro aspecto do quarto contra-argumento, quanto à grande quantidade e à diversidade dos cristãos. Pensam os críticos que hoje a disciplina eclesiástica não é oportuna nas igrejas, como foi nos tempos dos apóstolos e dos mártires. Afirmam que, na época, as igrejas eram pequenas, os cristãos eram poucos e havia pouquíssimos não cristãos misturados entre eles. A isso, respondemos: não é empecilho algum para o Espírito Santo realizar sua obra como nos primórdios da igreja, nem o fato de os cristãos serem muitos, nem o de que, em todas as classes e serviços da igreja, muitos pretendem ser cristãos, mas, em verdade, não o são. Pois o Espírito Santo realizou e manteve essa sua obra de disciplina e penitência cristãs em suas igrejas com firmeza e seriedade, inclusive quando ela aumentou numericamente. Naquela época, como agora, não havia menos bodes maus entre as ovelhas, nem menos ovelhas fracas e pesteadas do que hoje em dia.

O evangelho produziu frutos em todo o mundo nos tempos do apóstolo Paulo, como ele exalta em Colossenses 1.6. A partir de então e, especialmente depois da época de Constantino, a igreja avançou e tomou conta de todo o mundo, de tal forma que, no ano 367 da era cristã, os templos pagãos foram destruídos. Todo culto a ídolos e toda idolatria pagã foram proibidos, sob a ameaça de penas gravíssimas. As igrejas foram organizadas, então, por todo território pelo qual se estendia o Império Romano e para além dele. Naquela época, ainda estavam subordinados ao Império Romano toda a Síria, o Egito, a Ásia,[4] a Ilíria,[5] a Grécia, a Itália, boa parte da Alemanha, toda a Gália,[6] a Espanha e a África.

Ambrósio certamente tinha tanta gente em sua igreja em Milão como tem, hoje, alguém entre nós. Mas ele confirma que praticava a penitência em sua igreja, e até mesmo o imperador Teodósio teve de se submeter a ela, como já mencionado.

Crisóstomo, certa vez, avaliou, num sermão em Constantinopla, o povo de sua igreja em cem mil pessoas. Ainda assim, ele perseverou na prática da disciplina e da penitência eclesiásticas. O mesmo faziam todos os bispos daquele tempo, ainda que alguns fossem mais dedicados e mais sábios em promover verdadeira melhoria com a penitência.

Ainda assim, alguns contestam que essa dedicação seja da igreja em geral, afirmando que pertencia apenas a esses bispos específicos. Mas quem estudou a história da igreja e conhece

---

[4] Atual Turquia. [N. T.]
[5] Atual região onde estão Croácia, Sérvia e Albânia. [N. T.]
[6] Atual França. [N. T.]

suas práticas a partir dos escritos dos pais da igreja sabe que a penitência eclesiástica não era apenas obra de alguns bispos, como Ambrósio, Cipriano e outros. Não somente eles tinham um espírito firme e consagrado, como também havia, por toda parte na igreja, uma disciplina eclesiástica e um combate[7] ao pecado generalizados. Isso testemunha que o ordenamento e o rigor na penitência perduraram até que bispos relaxados passaram a exercê-la por meio de leis, como já mencionamos.

Por isso, o grande número de pessoas não nos pode servir de desculpa para, de boa consciência, abandonarmos a ordem de penitência dada por Cristo. Trata-se de uma medicação deveras salutar para as ovelhas machucadas do Senhor. Pois ninguém que leu os escritos dos amados pais antigos pode duvidar que as igrejas, no tempo deles, abrangiam tanta gente como entre nós agora. Mesmo assim, eles aplicavam frutiferamente a ordem da disciplina e da penitência. E, já que Cristo vive em nós, como viveu neles, e o Espírito nos move, como moveu a eles, devemos buscar verdadeiramente essa medicação da alma com consagração, até que ela venha a se realizar entre nós.

Igualmente, não nos servirá de desculpa para protelarmos a prática da disciplina cristã o argumento de que, em nossas igrejas, há gente demais e que temos muitas pessoas frágeis e quebradas, ou que há muitos não cristãos entre os cristãos. Pois, nas igrejas dos apóstolos, dos mártires e dos pais da igreja, também havia muitos cristãos fracos e quebrados. Além disso, havia muito joio entre o trigo e bodes entre as ovelhas. Mesmo assim, eles recorreram à medicação da alma, à penitência e à disciplina com muita fidelidade e consagração. Havia falhas graves, como, por exemplo, desentendimentos, discórdias, brigas e revoltas, além da imoralidade escandalosa que

---
[7] Literalmente: medicação. [N. T.]

Paulo lamenta em 1Coríntios 1, 4, 6 e 11 e em 2Coríntios 7 e 8! Quão profundos lamentos também Cipriano fez sobre seus contemporâneos, bem como Tertuliano e todos os antigos!

De tudo que foi dito até aqui, podemos concluir que nem a multidão de pessoas nem os muitos males delas nos servem de desculpa para não voltarmos a implementar com seriedade a disciplina e a penitência na igreja. Em verdade, é a omissão em relação a elas que nos acusa e condena. Pois, quanto mais ovelhas de Cristo houver e quanto mais estiverem feridas e machucadas – por maior que seja o perigo em que se encontrem pelos bodes infiltrados –, mais todos os cristãos carecem da prática da disciplina. Nosso Senhor Jesus, o bom pastor, não deixará suas ovelhinhas, nas quais ele vive, ficarem sem aconselhamento. Por isso ordena a administração desse remédio da alma a todos os líderes a quem convoca. Eles devem preocupar-se em investir com grandes empenho e consagração, para que esse remédio da alma volte a ser reconhecido, entendido e aceito.

As autoridades seculares precisam supervisionar muito mais gente, seja em cidades, seja nas cortes, nos exércitos ou na navegação. Para tanto, nomeiam supervisores, juízes e outras pessoas, enfim, tudo mais que o bem-estar daquela comunidade requer. O povo da antiga aliança era muito numeroso. Mas cada tribo, cada clã e cada casa tinha seus próprios líderes e supervisores. Haviam sido estabelecidos líderes específicos sobre mil, sobre cem e sobre dez, de modo que sempre se conseguia supervisionar e atender a todas as ovelhas adequadamente.

As necessidades de Estado – muitas vezes movidas por maldade proposital, como lamentavelmente se vê na maioria das guerras que nossos príncipes promovem contra alguém – levam as pessoas a prevenir e organizar-se. Por maior que seja a multidão de pessoas, cuida-se de cada indivíduo e zela-se para que cada um receba orientação para seu bem-estar físico. Então, por que a necessidade eterna de viver de forma cristã e de curar as pobres ovelhinhas de Cristo não nos deveria motivar muito mais a proceder da mesma forma? Há padrecos, monges, freiras, irmãos e irmãs por todos os cantos, levando o veneno deles a todas as almas. Ai de nós se não nos empenharmos com muito mais urgência em ajudar e sarar almas.

Nem tudo que Deus ordena é fácil e factível para a razão cega. Por isso, logo se questiona: onde encontrar tantos médicos da alma capacitados? Resposta: se o número de cristãos entre nós agora aumentou, então também teremos muitos capacitados para esse serviço de medicar as almas. Sim, o Senhor prometeu revestir-nos e capacitar-nos com seu Espírito, desde que ousemos finalmente empreender isso adequadamente, na dependência dele. Se houver menos cristãos entre nós, também não serão necessários tantos médicos da alma. Em todas as cidades e comunidades, encontramos pessoas que se dispõem a atender às tarefas de suas comunidades. Como, então, não se encontrariam, entre os cristãos, mais pessoas dispostas a contribuir para a salvação das almas? Não basta que apenas a comunhão de Cristo de novo ficasse conhecida e nós quiséssemos estar nela? Nem seriam necessárias tantas pessoas, se as igrejas tivessem sua ordem legítima restabelecida.

Portanto, já é evidente que a multidão de cristãos em nossas igrejas não nos impede. Muito pelo contrário, desafia-nos a proporcionar conselho em tempo hábil a todas as ovelhas feridas. Também não é empecilho que elas sofram de males terríveis, pois continuam sendo ovelhas, por mais fragilizadas, feridas e machucadas que estejam! Enquanto permanecerem no aprisco de Cristo, também ouvirão a voz dele e serão mantidas na obediência ao evangelho.

Assim, onde a medicação da alma for anunciada, oferecida e compartilhada com bom senso e dedicação, haverá cura. Não poderia jamais ser diferente, porque essa é a obra ordenada pelo próprio Cristo. Ele mesmo gera grande despertamento e melhorias reais, o que ele faz jamais prejudica ou é inviável! Também não haveria em nossas igrejas tantos que, lamentavelmente, se gabam em vão de ser cristãos. Pois aqueles que não ouvem a voz de Cristo, nosso Senhor e pastor, quando são repreendidos publicamente para se penitenciar de seus pecados graves e não toleram que seu pecado seja castigado ponderada e salutarmente pela igreja, estes ainda não se renderam à comunhão com Cristo, nem se encontram em seu aprisco.

Por isso também ainda não se pode compartilhar com eles a medicação das ovelhas feridas, sem se dedicar anteriormente com todo o esforço para trazê-los de volta ao aprisco do Senhor. Ou seja, devem ser levados à comunhão plena com ele e submetidos à verdadeira obediência ao evangelho. Dessa forma, é preciso lembrar aqui que estamos tratando das ovelhas feridas que já estão no aprisco de Cristo e que já se submeteram à sua Palavra. Mas, aos que ainda não se submetem à comunidade de Cristo, devem-se aplicar as obras da cura da alma anteriormente descritas. Porém, não se pode aplicar neles a medicação da penitência antes que se entreguem totalmente à comunhão de Cristo e à obediência ao evangelho.

Isso basta em relação aos contra-argumentos que questionam a disciplina e a penitência nas igrejas, para, finalmente, podermos encerrar este tópico, no qual acabamos nos delongando. Mas tivemos de nos ater tanto a ele por ver diariamente quão poucos são os que têm uma compreensão adequada da disciplina e da penitência cristãs em relação aos pecados.

Mas ainda há um último empecilho no caminho desse assunto, que faz muitas pessoas, inclusive as tementes a Deus, recear a disciplina. Esse ponto, ainda devemos esclarecer, na medida em que o Senhor nos concede a graça para fazê-lo. Trata-se da suspeita de que essa disciplina e essa penitência da igreja tenham se originado da arbitrariedade e da tirania papal. Como os padrecos persuadiram o rei, o imperador e todos os poderosos, de modo que eles obedecem a eles e em tudo se submetem, os clérigos não tiveram dificuldade para se sobrepor com poder, suntuosidade e tirania superior a todos os poderes e autoridades.

Quanto a isso, nossa resposta é a seguinte: não ensinamos que alguém deva submeter-se em tudo a um padreco ou a algum outro, mas unicamente à Palavra de Cristo. Se, então, alguém a deseja de coração, logo perceberá se, na aplicação da disciplina, os presbíteros da igreja estão a serviço de Cristo ou de sua própria arbitrariedade. E, quando constatar a falsidade deles, devem não apenas rejeitar suas propostas, como também denunciá-los para um castigo severo. Pois, aos governantes legítimos, que portam a espada, todas as almas devem sujeitar-se, inclusive para a pena de morte. Eles não portam a espada em vão. Além disso, desejamos que nossos governantes zelem para que os presbíteros sejam eleitos e se conduzam, assim como indicamos anteriormente. Ou seja, se eles forem escolhidos segundo a ordem estabelecida pelo Espírito Santo, não se deve temer que venham a fazer uso de violência ou tirania. Nessa ordem e nessa obra do Espírito Santo, obviamente, não se propõe nada de maldoso ou prejudicial. Em terceiro lugar, deturpa-se a ordem da disciplina e da penitência eclesiásticas quando se suspeita que provenha dos abusos de poder e da tirania dos padrecos.

Para saber a verdade sobre como os padrecos e os papas chegaram a tão grande poder, então se deve considerar a seguinte história. Inicialmente, antes e muito mais do que qualquer um dos demais poderosos senhores, nossos antigos reis francos pecaram muito e governaram mal. Por isso, queriam comprar o favor de Deus, doando muitos bens às igrejas e permitindo aos bispos exercer poder sobre eles. Depois, atraíram esses bispos às suas cortes, contrariando o que estabelecia, rigorosa e claramente, o direito eclesiástico que recebemos das leis dos imperadores e pelas regras dos concílios. Assim, os bispos tornaram-se poderosos príncipes territoriais, pessoas muito influentes nas cortes. A partir de então, quem almejasse dominar grandes territórios e buscasse alcançar grande poder tinha por objetivo conseguir bispados. Não tardou para que os reis e o imperador passassem a conceder os bispados em troca de favores ou, como bem entendiam, levando em conta a importância política da família do pretendente. Desse modo, tais bispados se transformaram, com o tempo, em principados mundanos. Essa simonia[8] foi iniciada pelos reis francos, que transformaram os bispos em príncipes territoriais. Essa prática alastrou-se tão grosseiramente que Gregório, em suas cartas enviadas com esse propósito aos reis francos, muitas vezes os questiona a esse respeito. Enviou-as ao rei Quildeberto I, ao rei Clotário II – por vezes também chamado Lotário –, ao rei Teodorico II, ao rei Quilperico II e à rainha Brunilda. Ainda dispomos dessas cartas, bem como da carta circular, quando Gregório se tornou papa no ano de 592[9] depois do nascimento de Cristo.

Com o tempo, essa simonia tornou-se generalizada junto aos reis e imperadores, de modo que praticamente todos os cargos eclesiásticos eram concedidos por dinheiro ou em troca de favores. Assim, os bispos, especialmente em territórios alemães, tornaram-se os mais poderosos príncipes territoriais. A

---

[8] Termo técnico para prática medieval da venda de cargos eclesiásticos. [N. T.]
[9] Na verdade, Gregório I tornou-se papa dois anos antes, em 590. [N. T.]

junção dessas duas causas possibilitou que os clérigos oprimissem primeiro o poder imperial e, depois, também os demais príncipes. Isso teve início com o imperador Henrique IV.

Quando o papa Gregório VII levantou esse assunto importante da simonia contra o imperador, deu-lhe a entender e, aparentemente, também o convenceu de que não pretendia alcançar outra coisa além do restabelecimento de eleições legítimas de bispos e prelados. A escolha de lideranças piedosas melhoraria a situação da igreja, punindo a simonia perniciosa e os demais vícios do clero. Por sua honradez, essa proposta conseguiu o apoio do imperador. Nos outros, porém, influiu, desafiando o imenso poder de alguns bispos e a visível insatisfação de praticamente todos os príncipes contra esse imperador, em virtude de suas arbitrariedades. Nessa época, o poder dos bispos alemães era maior do que agora.

Depois que o papa conseguiu humilhar um imperador tão esperto, batalhador e poderoso, a ponto de ele ter de se submeter à sua graça, os papas seguintes imitaram sua postura. Expandiram seu poder secular, que originalmente era pequeno, até poderem apresentar-se ao mundo como senhores. Passaram a considerar propriedade sua todos os reinos e principados que queriam. Como vigários de Cristo, achavam que tudo que Cristo tinha na terra havia sido colocado em suas mãos; que dispunham de todo o poder, sem poderem ser julgados por ninguém na terra. Disso, gabavam-se não apenas o desesperado Bonifácio VIII, mas também outros papas. Alexandre VI até começou a expedir ordens aos ingleses.

Portanto, quem contemplar bem a história e julgá-la segundo a verdade, há de constatar que essa é a causa e a origem de toda violência e de toda tirania indevidas que se fazem passar por espirituais; jamais, porém, tiveram origem na disciplina e na penitência praticadas na igreja.

Essa primeira e principal causa da tirania é o merecido castigo de Deus sobre todos os nossos pecados, uma vez que nossos antepassados e nós não temos amado verdadeiramente o reino de Cristo, nosso Senhor. Não temos confiado de todo o nosso coração unicamente nele, mas queríamos comprá-lo e quitar nossos pecados sem arrependimento e sem melhora, apenas por obras humanas e doando à igreja o que nos sobra.

A outra causa é que os reis e imperadores, além de outros príncipes e pessoas ricas, deram à igreja muitas terras e pessoas, concedendo aos bispos, além disso, o direito de governá-las.

O terceiro motivo a empoderar tanto os bispos foi que os imperadores os atraíram para suas cortes, elevando-os a príncipes do império.

O quarto motivo é que os imperadores permitiram que a simonia se alastrasse amplamente e, inclusive, a promoveram. É assustador quando se lê sobre a forma como se lidava com a venda de todas as prelazias. De fato, não foi milagre que o poder imperial tenha começado a se fragilizar pela intervenção dos papas, iniciando com esse imperador. Também havia muitas queixas contra ele, uma vez que também fora educado arbitrariamente desde a juventude pelo arcebispo de Bremen.

Se, no entanto, tivessem exercido seus cargos com fidelidade, os imperadores teriam zelado e cuidado da supervisão sobre os servos da igreja, confiando a administração dos territórios eclesiásticos a servos confiáveis. Nesse caso, os bispos teriam permanecido livres dessas funções e não teriam sido tirados das igrejas e atraídos para as cortes. A disciplina eclesiástica teria sido favorecida de muitas maneiras nos próprios bispos, de modo que, tanto os bispos como as autoridades seculares teriam sido adequadamente preservados em suas respectivas funções. Como ocorre no tempo dos bispos antigos, quando os príncipes, diante de uma falta grave, não eram absolvidos mediante a doação de lavouras, terras e gente, mas, como no caso do imperador Teodósio, pela demonstração de verdadeiro arrependimento e mudança de vida. Assim, teria sido evitada a lamentável desmoralização de ambas as funções. As autoridades zelariam e promoveriam os bispos e os curadores da alma, e os bispos, por sua vez, promoveriam o bom exercício de suas respectivas funções às autoridades.

Inicialmente, os próprios imperadores deram aos bispos o governo sobre territórios e pessoas. Depois lhes atribuíram todo o poder sobre esses territórios, povo e bens eclesiásticos. A seguir, para poderem usufruir dos enormes bens eclesiásticos – não apenas em benefício do império, mas também para sua própria ostentação e, muitas vezes, até mesmo para propósitos escusos – os imperadores elevaram os bispos a príncipes do império. Usaram-nos na corte, nos empreendimentos bélicos, além de outras atividades levianas e miseráveis. Acima de tudo, toleravam e até mesmo os ajudavam e a eles se aliavam abertamente na prática infiel da simonia. Faziam isso a despeito das próprias leis eclesiásticas, registradas nos códigos legais, que contrariam isso expressamente. Por causa de nossos pecados, o Senhor também rejeitou esses imperadores e reis, por haverem tão maleficamente prestado um desserviço a Cristo, seu Senhor, e por não terem exercido sua função de supervisionar a igreja de Cristo. Também rejeitou-os por terem desviado de Cristo e das igrejas seus servos, dando-lhes motivo, conselho e ajuda para se tornarem infiéis ao Senhor e às igrejas. Eles vieram a cometer perjúrio e sacrilégio públicos, ou seja, tornaram-se ladrões, assaltantes e assassinos de almas. Não sou eu quem lhes atribui essas designações, mas o próprio direito eclesiástico, que os pais da igreja nos legaram há muitos anos. Assim, o bom Deus permitiu que justamente viesse a acontecer que, ao final, esses bispos pretensamente espirituais também traíssem os imperadores, reis e demais príncipes e senhores, que cometessem perjúrio e se revoltassem contra eles, roubando e apropriando-se dos bens hereditários do império.

Além disso, os bispos liberaram seus súditos dos juramentos e dos deveres feitos a reis e imperadores. Sim, até mesmo excomungavam todos que se mantinham fiéis aos juramentos e às promessas feitas aos seus senhores. Geraram guerras e destruição horríveis para se apropriar de reinos e principados inteiros. Subtraíram do império não poucas cidades vistosas, principalmente no território alemão, que passaram para o domínio de bispos, mas que anteriormente haviam sido cidades imperiais.

Dessa forma, para cada cristão que quer perceber, ficou fácil entender quão grave foi a decadência que se alastrou pela igreja. Além disso, também se entende que a disciplina eclesiástica não se originou na tirania, na violência ou na ostentação dos padrecos. Pelo contrário, essas são a causa de a disciplina eclesiástica não ser mais aplicada, nem mesmo aos servos da igreja. Isso, entre outras coisas, abriu acesso ao diabo a todas as camadas sociais, levando-as à decadência e à perversão. Em todo caso, isso perturbou o reino de Cristo e promoveu a tirania do anticristo.

Assim, a tirania dos padrecos deve entristecer todos os cristãos ao máximo. Quanto mais ela afetar sua vida, os cristãos não devem amar e desejar nada mais ardentemente do que a vinda do reino de Cristo. Devem pedir ao Senhor que restabeleça logo a disciplina eclesiástica. Se isso acontecer, ninguém seria mais tolerado na administração e no governo dos bens da igreja, a não ser quem realmente serve a Cristo. Os líderes espirituais se submeteriam totalmente às autoridades civis constituídas.

Entregariam o governo sobre territórios e pessoas a príncipes e senhores, ou a quem mais Deus tivesse chamado para governar, e passariam a se dedicar a cuidar da igreja. O arrendamento de outros bens antigos e legítimos da igreja seriam administrados por diáconos fiéis e experimentados, que destinariam os recursos para a edificação espiritual das igrejas, para o sustento de viúvas, órfãos e de todos os demais carentes. Também os aplicariam para resgatar os presos pelos turcos e para o proveito de todas as necessidades das pessoas. Se algum deles cometesse alguma falta nisso, a disciplina logo o levaria à correção, ou a igreja não tardaria em se livrar dele.

Sobre isso, deveriam refletir cristãmente os corações amados que sempre ficam temerosos quando se fala da ordem da penitência eclesiástica. Pensam que, caso se pretenda introduzir novos padrecos, que tencionem assenhorar-se deles, como o faziam os antigos. O outro tópico deste nosso livro trata do reino de Cristo, afirmando que em lugar algum da igreja pode ser sentido e encontrado nenhum outro poder e outro reinado que não seja tão somente o de nosso Senhor Jesus Cristo. Esse é o rumo que pretendemos seguir, sem jamais dar margem ao poder anticristão de padrecos e outros.

Para encerrar as explicações dadas até aqui sobre este assunto, quero resumi-las em breves tópicos.

Todas as ovelhas feridas, ou seja, os cristãos, e todos que estão no aprisco de Cristo e que seguem em obediência ao evangelho, sabidamente caem em pecado. Para eles, é preciso providenciar conselho e ajuda, a fim de que, pelo arrependimento e a melhoria verdadeiros, voltem a ser restaurados e sarados, retornando a uma verdadeira vivência cristã.

Esse conselho e essa ajuda, todos os cristãos devem prestar uns aos outros, pois Cristo, o Senhor, gera em todos esse conselho e essa ajuda. No entanto, devem dedicar-se mais a isso aqueles a quem o Senhor incumbiu especialmente, como pastores e médicos da alma, e que lideram a igreja e administram a cura da alma.

E, como essas lideranças são os principais pastores, todo o seu empenho deveria dirigir-se para que seus liderados vivessem de forma cristã. Isso deve ser promovido por todos os serviços nas comunidades, nas quais cada um exerce sua função e seu dom. Pois a vivência cristã outra coisa não é senão viver bem e de maneira bem-aventurada.

Os curadores da alma devem prestar esse serviço especialmente com a palavra de Cristo e pelo poder espiritual da igreja, já que foram convocados especificamente e incumbidos espiritualmente com o poder das chaves.

Porém, a medicação da alma – o conselho e a ajuda que devem ser demonstrados e dispensados aos pecadores – é o cuidado e o tratamento correto das ovelhas feridas e machucadas. Todos que pecaram, mas ainda se submetem em obediência à igreja, carecem de ser lembrados de seus pecados para conduzi-los ao verdadeiro arrependimento pela fé e, assim, levar a capacitá-los a verdadeiramente melhorar.

Especialmente dos médicos e dos curadores da alma o Senhor requer que se castiguem e tratem os pecados de menor monta apenas com a sua Palavra. Os graves, porém, além de toda insistência com a Palavra, também devem ser tratados com flagelação voluntária da carne e, temporariamente, com a abstenção da santa ceia. Assim, os que pecaram são levados e incentivados, por meio desses castigos e da vergonha, a um arrependimento mais profundo e a um empenho mais dedicado à melhora. Nisso tudo, porém, deve-se ser comedido para não espantar ninguém da penitência cristã, nem levá-lo ao desespero. Também deve cuidar-se para não perdoar a penitência aparente, limitada aos castigos exteriores.

Por isso, a consciência[10] do pecado sempre precisa ser gerada pela Palavra de Cristo. O consolo aos desesperados é concedido pelo perdão e pela graça plena de nosso Pai celestial, através de Cristo. Mesmo assim, os pecados graves devem ser apontados com seriedade, para que sejam realmente reconhecidos e odiados. Então, a graça do Senhor e o perdão dos pecados tornam-se tesouros ainda mais valiosos, pelos quais se clama ardentemente. Por isso, às vezes, é necessário recorrer à flagelação e à disciplina físicas, e não somente à repreensão com palavras.

Tudo isso deve ser feito porque Deus ordenou tanto ao povo da antiga como da nova aliança. O Senhor insistiu em que esse seu ordenamento fosse usado e mantido adequadamente, como testemunham os escritos dos profetas, dos apóstolos, dos mártires e dos pais da igreja. Considere, pois, todos os argumentos que apresentamos aqui com verdadeira dedicação cristã.

Esse é o conteúdo deste capítulo. Que o Senhor conceda que ele seja considerado de forma cristã por todos aqueles que querem ser cristãos! Como satanás apreciaria muitíssimo que essa verdade e esse ensino essenciais de Cristo fossem compreendidos equivocadamente e maliciados, devo fazer ainda dois complementos.

Um deles é que, diversas vezes, afirmei que não basta absolver de seus pecados qualquer um que pecou gravemente e readmiti-lo à santa ceia simplesmente por ele afirmar: "Lamento, não voltarei a cometê-lo".

O leitor piedoso já observou que, diversas vezes, acrescentei a seguinte ressalva: "que, no mais, não demonstra arrependimento verdadeiro". O pastor e médico piedoso deve prestar

---

[10] Literalmente: lembrança. [N. T.]

atenção se o próprio pobre pecador ou até mesmo a igreja não se estão iludindo. Para um pai fiel ou a uma mãe atenciosa, também não basta se a criança, por exemplo, diz: "Não dói mais nada". Mas eles observarão se, de fato, esse é o caso.

Queremos, sim, que, no tocante à sua consciência, a própria pessoa reconheça seus pecados, desde que seus atos não demonstrem o contrário. Quem, depois de ter cometido pecados graves e escandalosos, disser de coração: "Eu os lamento e não voltarei a cometê-los" certamente manifestará outros sinais de verdadeiro arrependimento. Com a maior humildade e com espírito deveras disposto, essa pessoa se submeterá à penitência eclesiástica. Seu maior prazer será o de demonstrar à igreja seu arrependimento e recompensar quem foi ferido com seu pecado.

De igual forma, a igreja não concede o batismo a pessoas adultas apenas porque pedem por ele. Pelo contrário, a igreja as avalia por algum tempo em seu modo de vida, se realmente creem que essa dádiva inicial de todas as graças de Cristo as consola de verdade. Por que, então, a igreja deveria oferecer a santa ceia atendendo a mero desejo, sem exigir uma investigação das atitudes da pessoa? Especialmente porque ela acabou de demonstrar sua impiedade amplamente com seus atos! Esse sacramento é tão santo quanto o batismo, e deve ser compartilhada com a mesma profunda seriedade e verdade como este.

A outra complementação que devo fazer aqui é que foi em sintonia com os pais antigos que interpretei o "ligar" que o Senhor ordenou às igrejas, em relação à imposição da penitência. Os cristãos piedosos devem entender que o "ligar", que o Senhor ordenou às igrejas, outra coisa não é senão reter o pecado e não perdoar, tampouco absolvê-lo. Assim, pois, é legítimo que a igreja exija daqueles que cometeram pecados graves e feriram profundamente a igreja que testemunhem seu arrependimento com atitudes concretas. Antes de eles se submeterem e cumprirem a penitência temporária para, então, serem agraciados de novo com a comunhão plena de Cristo, não se deve ceder-lhes a absolvição de todos os seus pecados. A igreja deve considerar esses pecadores ainda algemados a eles. Ela o faz seguindo a ordem e o mandamento de Cristo, como já demonstrado. Assim, cada um pode ver que esse "ligar" temporário à penitência e à reparação pela igreja está incluído no "ligar" que o Senhor ordenou à igreja. Ele não se refere apenas àquele "ligar" ordenado às igrejas, pelo qual elas excluem os ímpios e impenitentes do Reino dos Céus, bem como de tudo relacionado com a comunidade de Deus, entregando-os à condenação eterna; refere-se também àquele "ligar" pelo qual se excluem os crentes temporariamente da comunhão celestial, mantendo-os afastados da comunidade de Cristo, enquanto se submetem à penitência temporária. O Senhor nos conceda permanecer firmes na verdade, dedicando-nos corretamente às suas pastagens e ao seu pastoreio, ao seu conselho e à sua ajuda. Amém.

10. Como as **ovelhas** fracas devem ser **fortalecidas**

Isaías 35.3-4
Fortalecei as mãos cansadas, revigorai os joelhos vacilantes. Dizei aos corações desanimados: "Sede consolados, não temais! Eis que seu Deus virá para a vingança. O Deus que retribui virá e vos salvará".

Lucas 22.31-32
O Senhor disse: Simão, Simão, satanás vos cobiça para vos peneirar como trigo. Mas eu orei por ti, para que tua fé não cessasse. E, quando te converteres, então fortalecerás teus irmãos.

> A consciência de quem ainda compreende pouco deve ser conduzida cuidadosa e mui amigavelmente a uma compreensão melhor.

Romanos 14.1
Aceitem o que é fraco na fé, sem discutir assuntos controvertidos.

1Tessalonicenses 5.14
Mas vos exortamos, irmãos amados: adverti os desobedientes,

confortai os desanimados, suportai os fracos, sede pacientes para com todos.

Alguns adoecem e fraquejam em viver disciplinadamente, outros na fé e na esperança em Deus.

Nessas passagens, podemos aprender quais são as ovelhas fracas e enfermas e de que maneira devemos lidar com elas para fortalecê-las. Nós já apontamos, em síntese, quais são as ovelhas fracas e enfermas. As passagens aqui epigrafadas apontam para quatro tipos de fraqueza.

Uns desanimam e se desesperam sob a cruz e a perseguição, ou também sob outros acidentes e infortúnios. Toda a primeira citação aborda essa fraqueza, enquanto a quarta se incumbe do consolo dos desanimados.

A segunda fraqueza é daqueles que não se apegam suficientemente a Cristo e não lembram sempre e o suficiente que eles, em Cristo, dispõem de todo bem. Por isso, tanto os favores como os desfavores do mundo, tanto seus lucros como seus prejuízos, tanto seus prazeres como seu desprezo e sua vergonha, tudo isso os espanta facilmente de dar testemunho de Cristo, impedindo sua verdadeira vida cristã. A segunda citação fala dessa fraqueza.

A terceira fraqueza encontra-se com aqueles que ainda não têm conhecimento satisfatório de todas as coisas que fazem parte da vida cristã. Ainda vivem apegados a muitas coisas que não se coadunam com a vida cristã, como acontecia com aqueles cristãos de Roma, que não podiam considerar iguais e fazer uso de tempos ou de todo tipo de alimento. Em nosso tempo há muitos desses fracos, gente que ainda dá muito valor às cerimônias e aos exercícios exteriores. Isso advém da compreensão insuficiente de Cristo, nosso Senhor. A terceira citação aborda essa fragilidade.

A quarta fragilidade é a daqueles que, em seu agir, não fixam seu olhar de forma suficiente em Cristo, nosso Senhor. São fracos na contemplação de sua vontade, de modo que sucumbem facilmente aos desejos e às cobiças carnais. Assim, não conseguem viver de forma dedicada, conforme a vocação recebida. Em vez de seguirem a ordem de Cristo, sendo úteis e servindo para o bem de todos, eles vivem descuidada, desordenada e mundanamente.

Essas fragilidades e enfermidades provêm todas de uma fé e de um temor a Deus insuficientes. Pois, se uma pessoa estiver bem fundamentada na fé em Cristo, nosso Senhor, e crer totalmente em todas as suas palavras, meditando nelas sempre, não poderia nem desejaria outra coisa além de amá-lo de todo o seu coração. Então, essa pessoa o temeria e o teria diante de seus olhos ao máximo e acima de todas as coisas. Não temeria nem fugiria de nada, exceto daquilo que desagrada ao Senhor. Pois, onde se crê de verdade no evangelho, não se duvida que somente Cristo pode reconciliar-nos com o Pai, desviar-nos de todo mal e nos presentear com todo o bem. Ele também é o único que nos julga e condena, seja aqui, seja na eternidade. Mas, nosso costume e nossa natureza são constituídos de tal forma que tendemos a viver e a agradar mais àquele de quem esperamos mais benefícios e a quem mais tememos. Desejamos mais quem temos diante de nossos olhos e quem consideramos dispor de maior poder. Por isso, toda falta e toda insuficiência na vida cristã verdadeira advêm do fato de que a fé dos cristãos ainda é precária e falha. Ou eles ainda não sabem suficientemente o que precisam compreender a respeito de Cristo, nosso Senhor, ou não meditam nisso tanto quanto deveriam.

Quem ainda se equivoca quanto ao culto a Deus pensa que cerimônias e costumes externos – que Deus não exige – são necessários para cultuá-lo, como pensavam os fracos na fé, em Roma, como relata a terceira citação. Eles ainda não compreendiam corretamente o evangelho e não sabiam ao certo como deviam consolar-se em Cristo, no sentido de que ele os salva unicamente por seu mérito e, em troca, não exige absolutamente nada mais de nós do que a confiança e a confissão firmes. A fé, por sua vez, torna-nos agradecidos e nos induz a ajudar o próximo em tudo, para que também ele venha a ter essa fé e seja mantido e fortalecido nela.

A primeira, a terceira e a quarta citações reportam-se aos que ficam abatidos e murcham por causa do sofrimento. Isso porque o sofrimento os priva do amor às coisas deste mundo e, por isso, eles desistem de se confessar a Cristo e de servir para o bem do próximo. Cansam e relaxam a disciplina e a santificação necessárias a esse serviço. Esses irmãos, normalmente, não se dão conta suficiente de que somente Cristo, nosso Senhor, é tudo para nós! Ele dá e faz tudo que serve ao nosso proveito, ao nosso prazer e ao nosso sustento verdadeiro. Pois aquele que crê verdadeiramente e sempre leva em conta que somente Cristo é tudo para nós e que ele nos concede e faz tudo o que desejamos e pelo que anisamos, este também saberia e se lembraria de que todo sofrimento aqui serve para sua salvação! Por outro lado, entenderia que tudo que vier a usufruir sem Cristo, ainda que pareça ser muito bom, fere o nosso Senhor e é um veneno que leva à morte eterna. Assim, jamais ficaria abatido e desanimado em sofrimento algum. Também não depararia, no mundo, com alguma coisa que fosse tão terrível ou tão prazerosa, a ponto de impedi-lo de testemunhar e elogiar a Cristo com palavras e ações. Não abriria mão disso, nem o faria de forma descuidada, ainda que tivesse de sofrer muitas mortes e ser privado de todos os bens e honras terrenas.

Toda fraqueza na vida cristã deriva de uma fé fraca. ∎

Portanto, todas as enfermidades e fraquezas da vida cristã provêm de uma fé fraca e débil. A fé, por sua vez, surge, é fortalecida e cultivada pela Palavra de Deus. Por isso, todo fortalecimento das ovelhas fracas e enfermas consistirá em lhes apresentar a palavra de Deus com fidelidade. Elas devem ser induzidas a gostar de ouvi-la e a ter nela todo o seu prazer.

Em vista disso, o Senhor ordenou as reuniões e os exercícios eclesiásticos santos para promover a reta compreensão de seu evangelho. Pois dele provêm toda piedade e toda salvação. O Senhor ordenou aos seus que venham e participem dessas reuniões e desses exercícios das igrejas com o coração totalmente devoto, abrindo mão de todas as demais atividades. Assim, as principais recomendações e advertências às ovelhas fracas e débeis consistem em que precisam priorizar a participação nas reuniões da igreja, ouvir a palavra de Deus, receber os santos sacramentos e se dedicar devotamente a todas as atividades da igreja.

Mas, para que a palavra não caia em meio aos espinhos das preocupações e dos prazeres mundanos, que asfixiam a semente da palavra divina, as ovelhas de Cristo devem abster-se conscientemente dos negócios e dos prazeres mundanos. Também devem ser especialmente encorajadas a orar e meditar na lei do Senhor. Isso contribuirá para que acolham e gravem o evangelho de Cristo Jesus, nosso Senhor, com o coração liberto e mais puro, e a compreensão facilitada e efetiva. Aprenderão a levar a palavra em conta em todos os seus conselhos e a tê-la diante de seus olhos em tudo que fizerem ou venham a sofrer. Buscarão orientar-se na Palavra de Deus em tudo que fizerem ou deixarem de fazer.

Esse é o principal e elementar fortalecimento das ovelhas fracas e débeis de Cristo. Mas há cristãos que não participam regularmente da comunidade de Deus e de suas reuniões.

Também ficam um pouco distantes da prática bendita do louvor, da oração, da ajuda aos carentes, dos sacramentos etc. Em relação a essas ovelhas, deve-se, antes de tudo, cuidar para que venham a participar dessas atividades eclesiásticas com prazer e vontade. Ainda que não observemos nelas uma vivência desregrada, nem um desânimo maior causado por sofrimento, nem mesmo um apreço exagerado do mundo ou uma desconsideração em relação a Cristo, essas fragilidades logo surgirão. E eclodirão tão logo ocorrer algo que as contrarie ou escandalize. Comumente, são elas que se equivocam em sua compreensão cristã, ora nisso, ora naquilo, porque sua mente não segue realmente a Cristo.

Onde as pessoas se esquivam das atividades eclesiásticas haverá fragilidade na vida cristã.

Portanto, as passagens bíblicas destacadas indicam especialmente de que maneira e em que medida essas fragilidades das ovelhas de Cristo devem ser tratadas. Em relação aos desobedientes, o apóstolo manda advertir e ensinar – νουθετεῖν. Os fracos na fé devem ser ensinados na mente de Cristo, sem detalhar por demais os pensamentos e as implicações deles para a consciência.

Quando alguém vive uma vida desregrada e não busca seguir Cristo, nosso Senhor, com todo o seu coração, com toda a sua alma e com todas as suas forças, nem se empenha por toda bem-aventurança, santidade e amor para com o próximo, essa pessoa também não terá o verdadeiro sentido e a mentalidade cristãos. Por isso, deve-se mostrar a ela sua falha e seu equívoco, conduzindo-a ao sentido e à mentalidade verdadeiros. Então, ela poderá ver e vir a reconhecer que todo lucro, todo prazer e toda honra sem Cristo são veneno e geram morte. Em Cristo, porém, tudo é realmente lucro, prazer e honra eternos, ainda que, diante do mundo, se tenha uma vida difícil e trabalhosa; ainda que a pessoa seja pobre, necessitada, frágil e desprezada.

Os que ficam desanimados por causa do sofrimento e das tribulações devem ser abordados com muita cordialidade e consolo. Para eles, a bondade de Deus e a salvação de Cristo devem ser retratadas com fidelidade, para que venham a reconhecer e crer que o bom Deus tem intenções paternas e fidelíssimas para com eles, em tudo que lhes permite sofrer. Os pensamentos dessas pessoas devem ser desviados de seus pecados e de toda desgraça, a fim de poderem ser elevados para a misericórdia de Deus e para a salvação em Cristo Jesus.

Os que ainda cultivam equívocos quanto à forma exterior do culto a Deus devem ser acolhidos com todo carinho. A eles, deve-se ceder em muitas coisas, sem justificá-los em tudo e sem exagerar com disputas inoportunas, a fim de não confundi-los ainda mais com tudo isso. Também não se deve coagi-los enquanto não tiverem sido fortalecidos. Pelo contrário, deve-se louvar a Deus, porque já invocam a Cristo como seu Salvador, perseveram na comunidade de Deus e ouvem sua palavra. A partir disso, devemos continuar a fortalecê-los sempre, ajudando-os a compreender que somente Cristo, o Senhor, conquistou o perdão de nossos pecados por meio de seu sofrimento. Por isso, ele quer que dediquemos todo o nosso empenho e todo o nosso serviço para mortificarmos nossos desejos e anseios malignos, a fim de que tudo o que fizermos em nossa vida seja para a glória de Deus e para melhorar a situação de nosso próximo. Assim, nosso culto a Deus é prestado em espírito e verdade. E todas as nossas atitudes exteriores sempre visarão servir concretamente a Deus em toda santidade e justiça, amparando o nosso próximo. Quando esse reconhecimento crescer nas pessoas frágeis, as fantasias equivocadas que ainda tiverem vão se desfazer por si mesmas. Dia após dia, elas também se tornarão mais hábeis e capazes de entender pura e plenamente a doutrina de Cristo.

Também há os que valorizam por demais os favores e desfavores do mundo. Por isso não conseguem confessar, nem glorificar com grande alegria a Cristo, nosso Senhor, ou testemunhar sua Palavra. A eles, deve-se repetir sempre de novo que o Pai deu a Cristo, nosso Senhor, todo poder e toda jurisdição sobre os céus e sobre a terra. Somente ele pode conceder-nos todo bem e livrar-nos de todo mal. Por isso, o mundo inteiro, por si só, nada é e nada pode fazer. E, diariamente, Cristo confessa, diante de seu Pai celestial e de seus anjos, aqueles que o confessam diante desse mundo corrompido. Também negará os que o negarem diante do mundo.

Dessa maneira, todas as ovelhas frágeis e enfermas de Cristo devem ser fortalecidas e consoladas pelos demais cristãos! Pois, já que Cristo vive em todos os seus membros, também exercerá a obra de seu pastoreio por meio de todos eles. Mas, como os curadores da alma foram especialmente incumbidos dessa tarefa, cabe a eles dedicar-se, acima de tudo, à obra da cura das almas, exercendo-a com grande fidelidade. Os governantes devem zelar para que as igrejas tenham curadores de alma empenhados e dedicados a ajudar as ovelhas frágeis e débeis com essa obra. Ao promoverem-na com toda a fidelidade, eles prestam a Cristo, o supremo pastor, sua parcela de serviço na ajuda e no fortalecimento das ovelhas doentes e enfermas. Como já dito, toda cura da alma é realizada para que as pessoas sejam ensinadas através do evangelho de Cristo. Elas são lembradas a buscar tudo apenas por meio de Cristo, nosso Senhor, encontrando nele o bastante em qualquer situação. Isso é o suficiente acerca da quarta tarefa de cura da alma, de como fortalecer as ovelhas fracas e enfermas.

11. Como as **ovelhas** saudáveis e **fortes** devem ser **guardadas** e pastoreadas

João 21.15-17

"Simão, filho de João, tu me amas mais do que estes?" Ele lhe respondeu: "Sim, Senhor, tu sabes que te amo". Disse Jesus a ele: "Apascenta os meus cordeiros". De novo. falou a ele: "Simão, filho de João, tu me amas?" Ele respondeu: "Sim, Senhor, tu sabes que te amo". Disse Jesus: "Pastoreia as minhas ovelhas". Então lhe falou pela terceira vez: "Simão, filho de João, tu me amas?" Pedro ficou triste por Jesus lhe ter falado pela terceira vez "tu me amas?" e lhe disse: "Senhor, tu sabes todas as coisas e sabes que te amo". Disse-lhe Jesus: "Apascenta as minhas ovelhas".

> As ovelhas de Cristo devem ser pastoreadas e apascentadas, supridas em todas as necessidades. Acima de tudo, devem ser guardadas de toda malícia, a fim de que se possa demonstrar nessa obra, ao máximo, o amor a Cristo, nosso Senhor.

1Pedro 5.1-4

Eu, presbítero igual a eles, testemunha dos sofrimentos em Cristo e participante da glória a ser revelada, admoesto os presbíteros entre vós: pastoreai o rebanho de Deus que está convosco. Olhai por ele, não por obrigação, mas voluntariamente. Não o fazeis por vergonhosa ganância, mas de boa vontade; não como dominadores de seu povo, mas tornando-vos exemplo para o rebanho. Então, quando aparecer o Supremo Pastor, recebereis a coroa da glória que jamais murcha.

As ovelhinhas de Cristo devem ser apascentadas com dedicada supervisão, com boa vontade, sem interesses egoístas, com mansidão, cordialidade e bom exemplo, como servos de Cristo, o dono do rebanho.

Atos 20.18-21

Vós sabeis, desde o primeiro dia em que cheguei à Ásia, como me portei durante todo o tempo entre vós. Servi ao Senhor com toda a humildade e com muitas lágrimas e provações, sofridas por mim da parte dos judeus que conspiraram contra mim. Sabeis que não omiti nem deixei de proclamar nada que fosse proveitoso, mas ensinei-vos tudo publicamente e em particular e de casa em casa. Testemunhei a judeus e a gregos o arrependimento diante de Deus e a fé em nosso Senhor Jesus.

Atos 20.26-28

Portanto, eu vos testemunho no dia de hoje que estou inocente do sangue de todos. Pois não omiti nada, nem deixei de anunciar a vós todo conselho de Deus. Cuidai de vós mesmos e de todo o rebanho entre o qual o Espírito Santo vos colocou como bispos, para apascentar a igreja de Deus, que ele adquiriu com seu próprio sangue.

1Tessalonicenses 2.5-12

Nossas palavras, como sabeis, nunca foram de bajulação, nem tinham por objetivo a ganância. Deus é testemunha disso. Nem buscamos a honra das pessoas, seja de vós, seja de outros. Também poderíamos ter sido um peso, como apóstolos de Cristo, mas convosco fomos maternais, como uma ama que cuida de suas crianças. Sentíamos tanta afeição por vós que nos dispusemos a partilhar convosco não somente o evangelho de Deus, como também nossa própria vida, porque vos tornastes muito amados por nós. Certamente, vós, queridos irmãos, lembrais nosso trabalho e nossa fadiga. Trabalhávamos noite e dia para não nos tornar pesados a ninguém, enquanto pregávamos o evangelho de Deus a vós. Disso, vós e Deus são testemunhas de como fomos santos, justos e irrepreensíveis entre vós os que crestes. Como sabeis, aconselhamos, consolamos e testemunhamos a cada um como um pai trata seus filhos, para que pudésseis viver dignamente diante de Deus, que vos chamou para seu reino e para sua glória.

> As ovelhinhas de Cristo devem ser apascentadas com dedicada supervisão, com boa vontade, sem interesses egoístas, com mansidão, cordialidade e bom exemplo, como servos de Cristo, o dono do rebanho.

1Coríntios 5.2

E vós estais orgulhosos! Não devíeis, antes, estar sobrecarregados de tristeza e expulsar aquele dentre vós que fez esse mal?

1Coríntios 5.6-7

Vossa fama não é boa. Não sabeis que um pouco de fermento leveda toda a massa? Por isso livrai-vos do fermento velho, para que sejais massa nova e sem fermento, como realmente sois.

1Coríntios 5.11-13

Mas agora vos escrevo dizendo que não vos associeis com alguém que se deixa chamar de irmão, mas é um imoral, um avarento, um idólatra, um caluniador, um beberrão ou um ladrão. Com essas pessoas, vós nem deveis comer. Pois o que tenho eu a ver com os de fora da igreja, para que os julgue? Não devíeis vós julgar os que estão dentro? Deus julgará os de fora. Expulsai quem é mau do meio de vós.

Os pastores piedosos devem fazer e sofrer de tudo em prol da verdade de Cristo, para que se tornem agradáveis às pessoas. Devem ser bem maternais e tratar as suas crianças como uma ama o faria. Também devem ser como um pai que admoesta e consola seus filhos, testemunhando-lhes, em conjunto e individualmente, para que vivam conforme seu chamado eterno.

Quem são as ovelhas saudáveis, isso já foi dito. Certamente, não existe ninguém que esteja sem qualquer deficiência ou fragilidade. Mas os que vivem no temor a Deus, frequentam a comunidade de Deus e dedicam-se, de forma aplicada e engajada, a todas as santas práticas eclesiásticas e a toda a vida cristã, estes são chamados de ovelhas fortes e saudáveis.

Essas são as ovelhas que devem ser protegidas e pastoreadas; guardadas de todo prejuízo e supridas em todas as necessidades, na medida e no ordenamento que o Senhor estabeleceu. Nessa tarefa do Senhor, todos os seus membros devem cooperar na medida de sua incumbência e de sua capacitação, como já havia sido explicado em relação às demais obras no serviço do Senhor. Cada cristão deve ajudar seu próximo e aconselhá-lo da melhor maneira possível, a fim de que seja guardado de todo mal e provido de todo bem. Mas, acima de tudo, devem aplicar-se a isso aqueles que exercem algum poder sobre outras pessoas, como os pais de família ou os professores. E, mais do que estes, os líderes das comunidades. Mas, como aqui tratamos especialmente da cura da alma no serviço e no pastoreio espiritual que os servos das igrejas devem exercer, selecionamos apenas as passagens que falam do cuidar e do apascentar, que devem ser exercidos pelos presbíteros das igrejas. Pedro e Paulo foram pastores, bem como aqueles a quem eles admoestam na segunda e na terceira citações.

Se contemplarmos essas passagens adequadamente, elas nos ensinam, em detalhes, tudo que é necessário para a execução desse serviço e como ele pode ser bem exercido. Em primeiro lugar, precisamos observar todas as ovelhas frágeis e enfermas de Cristo que precisam ser fortalecidas e consoladas pelos demais cristãos! Pois, já que Cristo vive em todos os seus membros, ele também exercerá a obra de seu pastoreio por meio de todos eles. Essa é a finalidade, além do objetivo, de guardar e apascentar o rebanho de Cristo. Em segundo lugar, é preciso ver como e com que ações podemos alcançar a finalidade e a meta propostas. Em terceiro lugar, precisamos conhecer as habilidades que os pastores e os curadores da alma devem ter para realizar a tarefa a contento e alcançar a meta estabelecida. Em quarto lugar, é preciso lembrar o que deve motivá-los a se mover nessa tarefa.

Depois de relacionarmos tudo que faz parte dessa tarefa a partir de sua finalidade e de sua meta, vamos iniciar refletindo sobre sua finalidade e meta. Essa finalidade e essa meta nos são suficientemente descritas nas primeiras quatro citações. Mas Paulo, na quarta citação, a expõe numa formulação clara e simples. Ele descreve a meta como viver e andar conforme a graça e a vocação de Deus, que nos chamou para seu reino e sua santificação. Portanto, a finalidade e a meta de todo cuidado e pastoreio das ovelhas de Cristo consistem em que sejam conduzidas e preservadas numa vida segundo a graça de Deus, que as chamou para seu reino e sua santidade. Ou seja, devemos ajudar as pessoas a se portarem como filhos de Deus, como companheiros do Reino dos Céus, vivendo sem defeito, nem mancha, em toda santidade e toda justiça. Sem causar escândalo, repletos dos frutos de toda boa obra, como compete aos filhos de Deus e membros do corpo de Cristo.

Os curadores da alma que se orientam fielmente nessa finalidade e nessa meta, e que apascentam as ovelhinhas de Cristo, a fim de alcançar essa finalidade e essa meta de seu pastoreio, logo reconhecerão tudo que é necessário fazer. Compreenderão qual é a maneira certa e quais são as dosagens corretas para alcançá-la adequada e frutiferamente. Pois eles desejam servir com eficiência às ovelhas de Cristo e ajudá-las a viver de forma cristã. Não apenas para mantê-las e preservá-las, mas também para fazê-las crescer e aprofundar-se em sua vida cristã. Aqui temos, pois, o que vem em primeiro lugar: a finalidade e a meta de todo pastoreio cristão. Em segundo lugar, vem a questão de como alcançar essa meta. Podemos aprender isso na primeira passagem citada.

Viver em consonância com o chamado gracioso do Senhor ao seu reino e segundo sua santidade depende totalmente da verdadeira fé viva em nosso Senhor Jesus Cristo. Com certeza, somente dela fluem e crescem, como já afirmamos, toda disciplina, toda paciência e todo amor; enfim, toda a vida cristã e todas as boas obras. Pois, quando essa fé está viva e operante em nós mesmos, então também saberemos e perceberemos realmente que todos nós estamos sob a ira e o juízo[1] de Deus. Pois toda a nossa natureza está corrompida e nos torna incapazes de obedecer e gera nossas más ações. Porque, em

---

[1] Literalmente: desgraça. [N. T.]

tudo, sempre contrariamos e vivemos resistindo a Deus, nosso Criador, bem como a tudo que é eternamente bom, tanto para nós mesmos como para todas as criaturas. Por essa razão, fomos excluídos da presença de Deus e condenados eternamente. Mas, pela expiação e o mérito do Senhor Jesus Cristo, nosso Pai celestial quer perdoar nossa oposição à sua vontade, a única vontade que é realmente boa. Por sua bondade, não computará nossa grande injustiça e nosso pecado, inclusive todas as transgressões que brotam dessa raiz e que crescem dia após dia. Além disso, ele nos concede também seu Espírito, sua mente e sua boa vontade, a fim de podermos buscar e almejar sempre uma vida nova e agradável a Deus. Assim, tudo com que depararmos nela – seja doce ou amargo; seja bom ou mau – nos servirá para nosso bem, tanto no corpo como na alma.

Disso tudo decorre que nossa própria natureza pervertida, bem como nossos pensamentos, desejos e anseios ruins passarão a nos desagradar de todo o coração, de modo que depositaremos nossa confiança unicamente em Cristo, nosso Senhor. Por meio dessa fé, ele vive em nós e nós vivemos nele. Então, seu Espírito passa a nos mover, de modo que desejamos e ousamos crucificar e matar sempre mais nossos desejos, mentalidade e intenções tolas e más com que nascemos. Passamos a orientar e colocar nossa vida a serviço do próximo, em amor verdadeiro, a fim de que Cristo seja glorificado. Fazemos isso unicamente para que seu santo nome seja glorificado, e seu reinado, ampliado.

Como, pois, a vida cristã e divina flui da verdadeira fé viva em Cristo, nosso Senhor, é fácil concluir que, se quisermos manter, preservar e fortalecer os cristãos nela, eles devem viver conforme sua vocação e a graça recebidas. Em outras palavras, para poder viver uma vida verdadeiramente cristã, devem, antes de tudo, zelar para que tenham uma fé saudável. Deve-se observar se pensam, aconselham e agem, em todas as coisas, a partir da fé e do conhecimento real de Cristo; se seu agir e seu doar sempre têm de seus olhos quem Cristo é, o que ele fez e o que nos dá. Por isso Paulo, ao orar pelos crentes e pelo progresso deles na vida cristã, sempre clama que eles cresçam, se aprofundem e sejam preenchidos com sabedoria, revelação e conhecimento, com entendimento, compreensão e saúde espirituais. Somente assim, eles poderão reconhecer, sentir e concluir quais são nossas esperanças e qual é nossa herança do reino que Cristo adquiriu para nós. Também concluirão disso o que agrada a Deus, o que é realmente útil e bom, a fim de poderem viver conforme sua vocação e para a glória de Deus, estando repletos de todos os frutos da justiça, sem causar escândalos (Ef 1.16-19, Fp 1.9-11 e Cl 1.9-13). Como, inicialmente, a fé nasce mediante o ouvir da Palavra de Deus e, depois, cresce e é fortalecida por meio dessa mesma palavra, compreende-se – ao contemplar a finalidade e a meta da verdadeira cura da alma e do pastoreio adequado – um segundo aspecto dessa tarefa. Se pretenderem chegar a essa finalidade e alcançar essa meta, os curadores da alma piedosos deverão empenhar-se ao máximo para que as ovelhas saudáveis de Cristo sejam aperfeiçoadas sempre mais no ensino do evangelho. Além disso, que todo conselho de Deus lhes seja apresentado fielmente por meio de ensino, admoestação, testemunho e por meio de tudo que contribua para que o conhecimento de Cristo cresça e se torne mais preciso para elas!

Para realmente poder alcançar esse propósito com as ovelhas de Cristo, elas também devem ser afastadas de todos os empreendimentos e prazeres mundanos e carnais, além de ser encorajadas, séria e dedicadamente, a toda atividade e vivência espiritual e celestial. Devem ser guiadas e incentivadas, em particular e também coletivamente, à palavra e à oração, bem como a todos os exercícios piedosos.² Em todas as situações, sejam elas quais forem, as ovelhas saudáveis devem ser incentivadas, guiadas e encorajadas, coletiva e individualmente, como bem mostra o exemplo do amado Paulo na terceira e na quinta passagens citadas. Ele não omitiu às pessoas que lhe haviam sido confiadas nada que lhes pudesse ser útil. Transmitiu-lhes todos os conselhos de Deus, ensinando, consolando, admoestando e testemunhando, tanto na comunidade reunida como, especialmente, nas casas e, também, individualmente. Essa doutrinação requer um ensino que abranja tudo que uma pessoa necessita para compreender cada vez melhor as coisas divinas, a fim que venha a se tornar um cristão e viva de forma cristã. O testemunho é a admoestação mais séria, por meio da qual um coração temente pode ser atingido e comovido mais intensamente. Assim, Paulo pastoreou continuamente, dia e noite, e com muitas lágrimas. Ele demonstrou a dedicação a seu propósito, direcionando toda a sua capacidade, todo o seu esforço e todo o seu trabalho para ensinar o arrependimento diante de Deus e a fé em nosso Senhor Jesus a todos.

Nesse aspecto, há algo especial a ser bem observado: a doutrina de Cristo não pode ser ensinada apenas coletivamente, nas igrejas e reuniões, mas também deve acontecer nas casas e individualmente, com toda a fidelidade, como demonstra o exemplo de Paulo na terceira e na quinta citações, pois ele diz na terceira passagem: *Anunciei e ensinei-vos a doutrina de Cristo em reuniões comunitárias e públicas* (δημοσίᾳ [dēmosía]) e, em particular, de casa em casa (κατ' οἴκους [katoíkous]). Depois ele continua: por três anos, de dia e de noite, não deixei de ensinar a cada um. Na quinta passagem, menciona que

---

² Literalmente: religiosos. [N. T.]

admoestou cada uma dessas pessoas. A doutrina do evangelho é a doutrina da vida eterna, mas, por causa de nossa natureza corrompida, não julgamos nada mais difícil e insignificante a ser assimilado do que ela. Por isso, essa doutrina requer o mais fiel, sério e perseverante ensino, com explicação e admoestação. Em que medida o ensino e a admoestação podem ajudar as pessoas individualmente, isso cada um sabe por si mesmo.

Por isso, não se devem restringir o ensino e a admoestação cristãos às reuniões e ao púlpito, pois muitos não assimilam para si o que foi ensinado e admoestado genericamente. Entendem e relacionam-no mais a outras pessoas do que a si mesmos. Em vista disso, é necessário que também se ensine às pessoas em casa, instruindo especificamente a cada uma delas e conduzindo-as a Cristo com sabedoria. Por isso agiram com sabedoria as igrejas que mantiveram o acesso a Cristo de cada pessoa pelo ensino individual do arrependimento e da fé. Há, porém, igrejas que tentam impedir que todos os servos de Cristo sempre ensinem a doutrina de Cristo. Não apenas não deixam que os cristãos falem dela em público e nas comunidades, como também os proíbem de partilhá-la de casa em casa, promovendo a doutrina com cada pessoa. Essas igrejas resistem ao Espírito Santo e impedem sua própria edificação, pois, claramente, Paulo expõe diante de nós a obra do Espírito Santo. Por que o Espírito Santo deixaria de usar também todas as suas outras ferramentas para atender a essa tarefa e incumbência, para fazer o que ele operou através do amado Paulo no aperfeiçoamento das igrejas dele?

Mas nossa natureza é resistente, sempre apreciando aparentar que também é aprendiz de Cristo. No entanto, ela tolera tudo, menos a doutrina de Cristo. Por isso ela prefere que se continue com o ensino cristão nas reuniões comunitárias. Se atingir alguém, tudo bem. Mas o Espírito de Cristo não pode deixar as coisas assim, já que ele é um mestre fiel que não descansa antes de conduzir seus alunos à verdade em sua totalidade. Por isso ele confere de casa em casa, de pessoa a pessoa, como elas acolhem no coração sua lição anunciada publicamente na comunidade e qual é seu efeito em cada uma delas. Ele ausculta seus alunos e vê o que eles compreenderam e o que não compreenderam. Essa sempre foi sua atitude em todas as igrejas. Quem não se agradar disso e resistir à reintrodução dessa prática não quer que o Espírito Santo ensine sua igreja adequadamente e seja seu verdadeiro patrono e mestre, como o Senhor prometeu. Paulo escreveu aos tessalonicenses: *Como um pai, admoestei a cada um de vós* etc. Sim, por tais servos, devemos rogar ao Senhor. E, sempre que pudermos, devemos reintroduzir e promover tal serviço, fazendo-o com fidelidade, pois somos cristãos e movidos por seu Espírito.

Esse é, pois, o serviço a ser prestado às ovelhas de Cristo, se pretendermos apascentá-las e cuidar bem delas. Em outras palavras, se quisermos conduzi-las e encorajá-las a viver de acordo com sua vocação e a graça recebidas. Deve-se tentar, empreender e exercitar tudo com grande empenho e seriedade, tanto na comunidade como de casa em casa e individualmente, para que todos sejam edificados. Então, serão encontrados crescendo e aumentando na fé e no conhecimento de Cristo. Assim, evita-se que as pessoas optem por caminhos próprios ou que se desviem de Cristo.

Da exclusão e separação do bode mau

A tarefa do pastoreio implica, ainda, a proteção das ovelhas saudáveis, que se deixam apascentar nas pastagens cristãs. Deve-se protegê-las, não apenas de todo empecilho e de todo escândalo que provêm delas mesmas, mas também do contágio com as falsas ovelhas e os bodes maus. Eles, por um tempo, conseguem disfarçar-se com pele de ovelha. Disso, tratam as três últimas passagens citadas.

Um pouco de fermento leveda logo toda a massa. Uma falsa ovelha logo contamina todo o rebanho. Em vista disso, o Senhor também ordenou, em sua lei, tão severamente que se eliminassem e varressem de seu povo as pessoas más e ímpias (Dt 13 e outras passagens mais). Isso, até a luz da natureza também ensinou a todos os povos. Pois onde há, ou havia, cidades, vilas e outras comunidades bem estabelecidas, não se tolerava aqueles que não queriam seguir as regras dessas comunidades com uma vida adequada, disciplinada, digna e honrada. Os rebeldes eram excluídos e alijados por algum tempo, quando se presumia que isso os corrigiria. Do contrário, eram desterrados para sempre, quando não se esperava mais melhora alguma ou as maldades deles passavam dos limites e eles faziam por merecer tamanho castigo. Porém, quando sua maldade extrapolava, eles eram colocados diante de todo o povo reunido e eram executados. Nós temos uma inclinação maior para seguir o mal, e não o bem. Por isso, onde há maus exemplos diante dos olhos de todos, não deixam de aparecer prejuízos graves. Dessa maneira, os pastores piedosos deverão antecipar-se fielmente e evitar esses prejuízos para as ovelhinhas de Cristo.

Falsas ovelhas não são toleradas em nenhuma sociedade organizada. ∎

A fim de fortalecer a vivência cristã da comunidade e dos indivíduos, os pastores piedosos devem promover sempre o ensino, a admoestação e o testemunho fiéis. Mas, além disso, é necessário que os curadores da alma protejam as ovelhas saudáveis e as apascentem bem, excluindo, rigorosamente, da comunidade aqueles que se recusam a ouvir a correção. Devem afastar do convívio da igreja todos que foram chamados ao arrependimento e à mudança de atitude, mas não lhes dão ouvidos. Pelo contrário, insistem em perseverar em sua vida desregrada, negando-se a corresponder à sua vocação de fazer o bem, de se submeter em obediência ao evangelho e de se exercitar na vida cristã. Quando alguém afunda em vícios e pecados, não quer nem saber de penitência alguma e, ainda por cima, torna-se rebelde e sectário, então deve ser excluído.

Todos que resistem assim devem ser afastados da comunidade, como ensina expressamente a palavra de Deus: *Considere-o um pagão e publicano* (Mt 18.17); *Não comei nem bebei com eles* (1Co 5.11); *Não tenhais comunhão com eles* (1Ts 3). Considere que a palavra e a doutrina de Deus não podem ensinar e ordenar outra coisa senão aquilo que é possível, útil e bom!

No entanto, a humildade dos curadores da alma também continua em vigor para com aqueles que foram excluídos, na esperança de que possam, um dia, submeter-se à penitência. Por isso, sempre que possível, não se deve deixar de admoestá-los, ainda que estejam excluídos. Um pastor que separou uma ovelha doente do rebanho não a abandona antes de haver tentado todas as medicações disponíveis. Mas ele a medica num lugar separado, jamais em meio às ovelhas saudáveis.

A terceira citação fala dessa aplicação da penitência e da humilhação dos que pecaram mas desejam melhorar. Ela ensina como as ovelhas feridas devem ser tratadas. No entanto, aqueles que se negam a ouvir quando são admoestados a se corrigir devem ser excluídos em definitivo, e não apenas temporariamente. Ainda assim, deve-se interceder por eles com todo o empenho que o Espírito conceder. Mesmo que não sinalizem nenhuma abertura para uma admoestação ou para a penitência, não se deve deixar de lhes mostrar com seriedade cristã seu modo de vida inútil, sua vontade maldosa e o horror de sua existência ímpia.

Além disso, nosso Pai celeste quer que façamos o bem a todos, inclusive aos nossos inimigos. Nosso Deus justo odeia terminantemente todo o mal, mas, mesmo assim, deixa o sol brilhar e a chuva cair também sobre os maus, injustos e ingratos. Inclusive a eles Deus distribui ricamente os alimentos diários e tudo que necessitam para a vida. Da mesma forma, também nós, enquanto vivermos neste mundo, em meio aos maus, não devemos reter ou negar-lhes bem algum de que necessitem. Unicamente devemos rejeitar suas atitudes ímpias e provar-lhes, pela perda da comunhão específica, que seu modo de vida ímpio gera tormento e é horroroso para nós. Por isso, não lhes devemos mais comunhão do que aquela de que necessitam para suprir suas necessidades básicas, justamente por eles desprezarem a comunhão cristã.

Por isso, quando o apóstolo escreve: "Não deveis envolver-vos ou comer com tais pessoas", quer apenas impedir o convívio intencional durante as refeições ou em outras ocasiões. Não, porém, o convívio civilizado e natural, normal, requerido na sociedade e pelos vínculos familiares.

Todas as pessoas honradas evitam as irresponsáveis e levianas. Por exemplo, todos recusam ter amizade com quem é leviano e vive ocioso, como sendo algo indevido e inadequado. Mas, mesmo assim, essas pessoas honradas e amigas se importam com as outras que, em geral, evitam em todos os assuntos requeridos pelo convívio civil ou pelas necessidades humanas comuns. Colaborarão com elas naquilo que as autoridades exigirem, participarão das refeições e de outras atividades conjuntas; comprarão, venderão e também as socorrerão nas situações de necessidade. Além disso, porém, não aceitarão nada delas, nem se envolverão com elas. Evitarão sua companhia e demonstrarão em tudo seu desprezo e desinteresse em sua vivência desonrosa e leviana. De modo semelhante, também os cristãos devem comportar-se em relação aos que foram excluídos da comunidade cristã. E, na medida em que agirem assim com os excluídos, prestando-lhes fielmente tudo que o convívio civilizado e a solidariedade comum entre pessoas exigem, estes não terão do que reclamar dos crentes. Jamais poderão queixar-se de alguma omissão perante as autoridades, pois ninguém é obrigado a prestar ao outro mais do que civilidade. Assim, a exclusão da comunidade cristã, por si só, não produzirá nesses ímpios outro resultado além de vergonha e motivação para virem a se arrepender mais rapidamente, pois perceberão nos crentes a aprovação, o amor e o interesse em tudo, menos por sua vivência ímpia. Pelo contrário, os cristãos desprezam essa vivência e sentem pena deles, porque Cristo, o Senhor, é tudo para eles. Por isso, os cristãos também não excluirão ninguém, a não ser os que querem persistir aberta e publicamente na prática da injustiça. Portanto, essa exclusão e essa desconsideração não devem ser entendidas, nem pelos afetados nem por outras pessoas, como desprezo indevido. E, onde houver autoridades tementes a Deus, estas seguirão as leis imperiais e a antiga prática cristã, e penalizarão também civilmente, no que couber, os excluídos da igreja. E seguirão penalizando e excluindo-os do convívio, com o propósito de que acelerem sua melhora. Dessa maneira, os pagãos entre os cristãos devem ser tratados como pagãos.

Se, porém, alguém, em sua família, tiver um parente que tenha sido excluído da comunidade – o cônjuge, os pais, um filho ou outro parente qualquer –, não deverá evitá-los, nem nas refeições, nem em qualquer outra atividade exterior. Pelo contrário, o cônjuge crente deve portar-se e demonstrar em relação ao descrente – entre todas as atividades humanas, essa é a suprema – a máxima cordialidade, a fim de ganhar o cônjuge descrente (1Co 7.12-14). Cada um deve agir igualmente em relação aos seus parentes, sejam parentes de sangue, sejam os convivas na casa. O que Deus uniu no casamento e em outras situações de vida, o homem não deve separar.

Paulo também não se referiu a essas situações de parentesco quando disse: "Com tais não tenham contato, nem comam ou bebam com eles". Ele não pretendia destruir o convívio natural das pessoas, pois os cristãos também devem prestar serviço aos maus e fazer-lhes o bem! Assim, ele recomenda aos escravos que sirvam aos seus senhores descrentes com fidelidade. E, aos casais, que prestem fielmente amor conjugal aos seus cônjuges descrentes. Da mesma forma, ele quer que filhos e pais, bem como os demais convivas e parentes, tratem uns aos outros de acordo com sua vocação.

Com sua crítica, temor e preocupação divinos em relação à condenação dos descrentes, os crentes têm o propósito de demonstrar de modo cristão, especialmente aos seus parentes, a vocação de Deus, sem, contudo, machucá-los. Em primeiro lugar, os crentes jamais se alegrarão com os pecados dos descrentes, mas se entristecerão de coração com eles. Em segundo lugar, eles se empenharão tanto mais em lhes fazer o bem, de modo que sua vida consagrada questionará a vida má e condenável deles, tornando-a indesejável. Em terceiro lugar, os crentes se empenharão pelos seus com a máxima dedicação, a fim de corrigi-los com clamor e oração, com lágrimas, pedidos e admoestações.

Quando, porém, os crentes tiverem responsabilidade sobre os descrentes, como no caso do marido sobre a mulher; do pai e da mãe sobre os filhos; dos senhores sobre seus subordinados e dos amigos mais velhos sobre os mais jovens, então esses crentes, de forma responsável, devem demonstrar seu desagrado com essa vida imoral. Farão isso distanciando--se, com conselhos e com privação de atenção e privilégios, até mesmo com maior severidade em todas as coisas, inclusive com castigos temporais mais severos. Mas também isso eles farão sempre com temperança, para que produza melhora e promova o arrependimento dessa pessoa, sem destruir o vínculo divino do parentesco e sem agravar a situação.

Mas os crentes que estão subordinados nessas situações – as mulheres, as crianças, os empregados e os mais jovens – muitas vezes contribuirão para a melhora da vida ímpia dos seus ao orarem e clamarem com lágrimas a Deus. Dessa forma, os cristãos impedem que o mal gere exemplo e prossiga, tornando-se, assim, menos repulsivo. Pelo contrário, ele será temido e evitado cada vez mais, sem destruir ou ferir o parentesco e os deveres instituídos por Deus. Mesmo assim, com o tempo, os curadores da alma fiéis deverão exigir que essas pessoas ímpias sejam excluídas da comunidade de Cristo, para que as ovelhas saudáveis não sejam contaminadas, mas protegidas do contato com o mal, e, ao mesmo tempo, sejam encorajadas tanto mais à prática do bem.

Em síntese, é isso que os curadores da alma devem empreender e priorizar para alcançar, o quanto antes, a meta proposta do pleno pastoreio cristão. As ovelhinhas de Cristo devem ser lembradas sem cessar, com fidelidade e consagração, da salvação em Cristo, ensinando a elas o que a salvação opera em nós. Todo conselho de Deus deve ser-lhes anunciado, ensinado, admoestado e testemunhado, tanto na comunidade como em privado. Deve ser compartilhado nas igrejas, nas casas e sempre que for possível alcançar as pessoas, a fim de que a fé e o aperfeiçoamento delas sejam promovidos, com vistas a aumentar e crescer. Por fim, também é preciso separar com rigor as ovelhas doentes e os falsos bodes das ovelhas verdadeiras e saudáveis. Somente assim, as pessoas escandalosas não contaminarão as demais. Essa é a segunda conclusão a que chegamos das passagens bíblicas epigrafadas, para que os curadores da alma e seus líderes possam alcançar as metas propostas.

O terceiro assunto a ser abordado são as habilidades e capacidades dos curadores da alma. As passagens citadas nos ensinam muito bem e ricamente o que eles devem saber e fazer para realizar essa obra. Acima de tudo, devem amar a Cristo de todo o coração com o amor que o Senhor exigiu de Pedro, quando lhe ordenou apascentar suas ovelhinhas, como mostra a primeira citação. Desse amor, logo decorre o amor adequado ao rebanho de Cristo. Pois, em relação a ele, os presbíteros devem ter o coração realmente paternal e maternal que Paulo teve, como descreve a quinta citação. Não devem buscar nem almejar outra coisa além da salvação das ovelhas, demonstrando isso com sua mente, com seu coração e com sua ação. Então, os filhos de Deus verão que eles não apenas estão dispostos a compartilhar o evangelho, mas também as próprias vidas e almas. Serão convencidos de que o coração deles se alegra com eles e que eles os amam, como nos propõe Paulo na quinta citação. Pois, onde existe essa mentalidade, e amor e alegria pelo rebanho, os curadores da alma certamente também realizarão seu serviço sem constrangimento, mas com boa vontade. Não visarão a vantagens próprias, mas farão tudo de boa vontade, como Pedro nos adverte com clareza na segunda citação e Paulo nos dá seu exemplo na terceira e na quinta passagens citadas.

Disso tudo, também se conclui, com certeza, que esses curadores da alma, se puderem e conseguirem, preferirão

— como Paulo o fez — trabalhar de dia e de noite com suas próprias mãos para não se tornarem pesados a ninguém na igreja. Se, porém, não puderem ou não conseguirem fazê-lo, eles deverão fazer uso do direito de Cristo, nosso Senhor, que é correto e tranquilo em relação aos crentes: deverão suprir as necessidades materiais junto àqueles a quem servem espiritualmente, além de buscar seus alimentos junto àqueles pelos quais trabalham com o evangelho. Sim, deve ser-lhes concedida, segundo a palavra de Paulo, honra dobrada. Como, há tempos, as igrejas se tornaram muito ricas, não se deveria molestar ninguém, em lugar algum, por causa do sustento dos servos fiéis, que se dedicam à palavra e ao ensino. No entanto, ao serem supridos, ainda que precária e parcamente em suas necessidades, eles demonstrarão compaixão em relação a todos os necessitados. Então, todos poderão ver sua honradez de não buscar auferir lucro em seu serviço, mas de buscar unicamente a salvação das almas.

Desse verdadeiro amor de Cristo por seu rebanho, decorre, além disso, que os curadores da alma não se portarão de modo autoritário e sem cordialidade. Pelo contrário, serão humildes e maternais, como uma ama que cuida de uma criancinha. Portanto, eles tratarão as pessoas bem e com cordialidade, e servirão a elas, bem-dispostos e animados, por mais que seu serviço seja recebido com desprezo. Pelo mesmo motivo, também cuidarão com máxima atenção para que, em todas as coisas, estejam sem culpa, sejam justos, vivam em santidade, sendo um exemplo para o rebanho, como ensina a primeira citação.

Acima de tudo, sofrerão e suportarão com firmeza e coragem todas as provações e perseguições, venham elas de dentro ou de fora, como aprendemos com Paulo, Pedro e todos os verdadeiros pastores das ovelhas de Cristo. Não existe obra mais necessária e salutar do que a cura da alma verdadeira e fiel. Por isso, igualmente, não há obra mais visada e contra a qual mais se permitem as investidas do diabo. Por isso, ele tem permissão de atacar feroz e incessantemente esse serviço, não apenas por seus membros – os inimigos públicos dos crentes e os traidores ocultos que ainda estão nas igrejas –, como também pelos irmãos fracos e frágeis. Mesmo assim, o diabo não obtém sucesso algum, a não ser com os filhos da perdição. Por isso, os servos fiéis tornam-se testemunhas especiais dos sofrimentos de Cristo, como Pedro escreve a respeito de si mesmo. Precisam suportar muitas coisas da parte dos outros: sofrem desprezo e pregam o evangelho da cruz, suportando muita cruz e grandes lutas, como Paulo ensina na terceira e na quinta citações. Assim também acabamos de descrever como os curadores da alma devem ser, o que devem saber e quais medidas devem adotar se quiserem exercer bem seu serviço e alcançar o verdadeiro sentido do pastoreio do rebanho de Cristo.

Por fim, o quarto aspecto que capacita o curador da alma e o faz perseverar também nos é apontado claramente pelas passagens destacadas. A motivação principal que deve bastar a todos os curadores da alma piedosos é a ordem inequívoca de Cristo. Quando Pedro foi indagado pela terceira vez e testemunhou seu amor pelo Senhor diante dele, então Jesus lhe ordenou pela terceira vez: *Pastoreia minhas ovelhas*. É como se o Senhor lhe dissesse: Tu me amas tanto e queres demonstrar isso com atitudes, então pastoreia minhas ovelhas. Não poderás fazer nada melhor e mais agradável a mim.

Cristo é tudo para nós, se o amarmos realmente. Todo aquele que for conduzido cada vez mais a esse serviço, mesmo que venha a sofrer nele sempre mais desprezo e que tenha de suportar a cruz, essa ordem de Cristo sozinha será suficiente para fazê-lo resistir a todo desprezo, sofrimento e cruz. Será fortalecido pelo fato de o Senhor lhe haver ordenado o principal serviço que lhe podemos prestar. Aí qualquer um se conscientizaria como o amado Paulo escreve em 1Coríntios 9.16-17: *Contudo, quando prego o evangelho, não posso me orgulhar, pois sou obrigado a fazê-lo. Ai de mim se não pregar o evangelho! Se o faço com disposição, tenho recompensa; contudo, se o faço por obrigação, cumpro a incumbência a mim ordenada.*

A tarefa foi-me ordenada, diz o apóstolo. Deveria bastar a qualquer cristão exercer essa função, quando chamado a exercê-la. E ele a exercerá com toda a fidelidade, suportando e sofrendo todas as dificuldades, os trabalhos, a vergonha, os prejuízos, a cruz e o que mais lhe possa acontecer. O Senhor requererá o sangue de suas ovelhinhas, tanto das mãos de todos aqueles que se recusaram a assumir essa tarefa quando chamados a exercê-la como das mãos daqueles que foram negligentes. Por isso, Paulo diz aos efésios: *Portanto, eu vos testemunho no dia de hoje que estou inocente do sangue de todos. Pois não omiti nada.* Nessas palavras, Paulo confessa que, se lhes tivesse omitido algo, ele se teria tornado culpado do sangue deles.

Assim, Paulo nos consola de coração a fim de que dediquemos ao nosso Senhor Jesus o supremo amor, servindo-lhe em sua igreja, que ele comprou com seu precioso sangue e que é sua amada esposa e seu corpo. Isso nos é ensinado na quarta citação.

O Senhor queira conceder que todos que já exercem o serviço de cura da alma, bem como os que ainda serão convocados para ele, meditem e avaliem isso para segui-lo em tudo. Então, as ovelhinhas de Cristo estarão bem guardadas e serão bem apascentadas. Isso é o bastante quanto à quinta incumbência de cura da alma.

O Senhor Jesus, o supremo pastor e bispo, nos conceda tais presbíteros e curadores da alma que procuram suas ovelhinhas da maneira como descrevemos. Pastores que procuram as ovelhas perdidas, resgatam as dispersas, medicam as feridas, fortalecem as fragilizadas e protegem e apascentam as saudáveis, como devem. As ovelhas também aceitarão ser levadas por esses curadores da alma e servos de Cristo à comunidade dele e ao seu aprisco por meio da Palavra do Senhor. Elas aceitarão ser preservadas, curadas e apascentadas em toda obediência e seguimento a Cristo. Os bodes, porém, jamais o farão. Pois quem for nascido de Deus ouvirá sua Palavra, e as ovelhas de Cristo ouvem sua voz e o seguem.

Pelo fato de o diabo saber que toda a salvação depende desse ouvir e desse seguir, capricha ao máximo na mentira, a fim de gerar nas ovelhas algum desgosto, suspeita e resistência contra aqueles que lhes trazem a voz e o ensino de seu pastor e que devem guiá-las e apascentá-las. Em toda a casa do Senhor, não havia ninguém mais fiel, disposto e dedicado a servir ao povo do Senhor do que Moisés. Mas o diabo conseguiu induzir não apenas o povo ignorante a murmurar e a se revoltar muitas vezes contra ele, bem como os opositores Corá, Datã e Abirão, mas também levou seu irmão, Arão, e sua irmã, Miriã, a se opor a ele. Essas eram pessoas consagradas, chamadas por Deus e muito inteligentes. De forma semelhante, no cristianismo, ninguém trabalhou mais e produziu mais frutos do que Paulo. O diabo, pois, não se opôs a nenhum apóstolo mais do que a ele. Soube torná-lo suspeito e desprezado, não apenas entre os cristãos comuns, mas até mesmo entre os líderes em Jerusalém e outros. Não apenas pelos gálatas, que o haviam recebido como um anjo, sim, como o próprio Cristo, mas também por todos da Ásia, que o abandonaram. Os coríntios, esses ele manteve a muito custo!

Este é o padrão do tratamento dos servos de Deus: quanto mais fiéis os curadores da alma forem em seu serviço de pastoreio, mais o diabo despertará desobediência contra eles, não apenas entre os bodes, mas também entre as ovelhas imperfeitas. Ele consegue que as ovelhas ingênuas se submetam totalmente aos pastores falsos e infiéis, sofrendo e suportando tudo que estes lhes impuserem. Isso também aconteceu com os coríntios, espertos e espirituais. Por esse motivo, o amado Paulo lhes escreveu em 2Coríntios 11.20: *Vós suportais quando alguém vos escraviza ou explora, vos rouba, resiste ou fere a face!*

> Quem não quer submeter-se ao jugo dos verdadeiros servos do evangelho logo acabará sob o jugo do anticristo.

Naquela época, havia muitos que pretendiam ser cristãos comprometidos, mas não queriam aceitar o castigo e a disciplina no Senhor por meio de seus servos fiéis no evangelho. Mas não tardou e eles se sujeitaram a mestres falsos de tal maneira que, longe do Senhor, sofreram e suportaram sua verdadeira tirania violenta. Também aqui, entre nós, aqueles que ainda tinham um pouco de temor a Deus, mas sempre apreciaram grandemente as lideranças papais, quase todos eles eram cegos e guias de cegos. Aliás, em sua maioria, eram sedutores intencionais. Quem, então, aceitava sem restrição as palavras e as ordens deles agora está sempre preocupado que se dê autoridade demais aos servos do evangelho e que se siga a eles demasiadamente, mesmo que não se pretenda impor-lhes nada além do jugo bendito de Cristo. O que os verdadeiros servos aconselham e apresentam a eles, ainda que provenha da palavra clara do Senhor, eles rejeitam, como se estivessem sendo coagidos a negar o cristianismo. No entanto, quando devem submeter-se à obediência ao Senhor, vivem e agem sem disciplina e correção, segundo seu entendimento carnal.

No mundo, os cristãos devem precaver-se, porém, de nada com mais cuidado do que da imposição de um jugo falso em nome de Cristo. Nós fomos comprados por Cristo, nosso Senhor, por isso devemos cuidar para não nos tornarmos escravos de pessoas (1Co 7.23). Como ovelhinhas de Cristo, sua igreja e comunidade, precisamos de mestres e servos do Senhor a quem, em seu nome, possamos dar ouvidos e seguir com tranquilidade, obediência e submissão. Pois, por meio de seu serviço legítimo, o Senhor quer governar-nos. Fizemos uma introdução a esse respeito no segundo e no terceiro capítulos deste livro.

Por isso os cristãos, antes de tudo, devem pedir, com toda a seriedade, que o Senhor lhes conceda servos fiéis. Além disso, que os auxilie nessa eleição, para que, em sua conduta, correspondam à sua vocação e sirvam fielmente. O que, então, esses servos admoestarem, disciplinarem, ensinarem e aconselharem em nome do Senhor não pode ser levianamente ignorado, menosprezado ou desprezado, como lamentavelmente sucede muito agora. Há os que desprezam os sermões e as atividades eclesiásticas desses servos de forma bem leviana e os julgam como se fossem incumbidos de ouvir os sermões com suspeitas hostis, pervertendo e atribuindo malícia a tudo que se fala e se faz na igreja. Pois não se nota neles, depois de ouvirem o sermão, um pensamento sequer da pregação que os tenha comovido a reconhecer seus pecados, a se entregar a Cristo com mais devoção ou a se empenhar mais à correção. Apenas julgam e xingam quando é dito algo que os atinge ou que eles consideram inadequado para o seu atrevimento carnal, mas não reclamam do que é inadequado para a sua liberdade cristã. E quando elogiam algo da pregação, isso normalmente se refere sempre a outros, que eles gostariam de ver repreendidos. Essas pessoas não aproveitam nada dos sermões, além da própria incapacidade de advertir e corrigir aqueles dos quais não conseguem falar mal.

Devemos examinar tudo, a fim de reter e guardar somente o que é bom. No entanto, isso não deve ser feito leviana e superficialmente em relação ao amor e à honradez, mas deve acontecer em todo temor a Deus, com oração consagrada e verdadeira humildade. Então, cada um, reconhecendo sua própria ignorância e seu próprio desconhecimento, apreciaria tanto a ordem como os dons que o Senhor deu aos seus servos. Faria a avaliação deles segundo o amor e o precioso valor de seu serviço. Caso, mesmo assim, ouvisse ou percebesse algo que não julgasse ser bom, não hesitaria em falar com o servo a esse respeito com amor e fidelidade. Apontaria, sem receio, o que lhe parece errado e receberia mais explicações sobre o assunto. Não condenaria nada, a não ser o que ele realmente reconhece não ser cristão. Então, o Senhor, certamente, nos concederia que ninguém nos traísse em pele de ovelha, com a aparência enganosa de pertencer aos nossos ou com uma vida dupla. Dessa maneira, também seria possível evitar toda confusão e toda divisão, todo sacrilégio, desobediência e desprezo do Senhor em seu serviço. Então, inclusive, as igrejas instituiriam presbíteros, como descrevemos neste livro. Escolheriam pessoas realmente misericordiosas, tementes a Deus, bem conhecidas e bastante dedicadas. Dessa maneira, seria fácil para todos, com algum Espírito cristão, evitar todo pensamento inadequado, julgamento e desprezo do serviço de Cristo e, assim, contribuir para resgatar o ensino, a disciplina e a penitência.

Os crentes, mesmo assim, precisam assimilar bem e gravar no coração o que vêm a ser o amor e a fidelidade verdadeiros, a humildade e a obediência que devem prestar e provar, não aos seus servos, mas ao próprio Cristo, nosso Senhor, por meio de seus servos dedicados ao seu serviço em prol da salvação eterna. Para que se perceba quão maléfico e desintegrador é o desprezo aos servos do Senhor, quão leviano é criticá-los, julgá-los e desprezá-los, quero introduzir, ao final deste livro, mais algumas passagens.

12. Como as **ovelhas** dispersas devem ser **resgatadas**

Deuteronômio 17.10-13

Procederás de acordo com o que eles disserem no local que o Senhor escolheu. Cumpra e faz tudo o que te ensinarem. Deves cumprir [tudo] segundo a lei que te ensinam e segundo o direito que te disserem. Não te desvies disso, nem para a direita, nem para a esquerda. E, se alguém agir com rebeldia, de modo a não obedecer ao sacerdote que ali estiver no serviço do Senhor, ou ao juiz, este terá de ser morto. Elimina o mal do meio de Israel. Todo o povo o ouça e tema para não ousar mais rebelar-se.

Oseias 4.4-6

Não há ninguém que justifique, ninguém que acuse, pois o povo acusa os sacerdotes. Por isso tropeçam de dia, e os profetas tropeçam à noite contigo e com tua mãe, ou seja, destruí o povo todo. Dei fim ao meu povo por sua falta de conhecimento. Porque rejeitaste o conhecimento, eu também te rejeito do meu serviço; e, porque ignoraste a lei do teu Deus, eu também ignorarei teus filhos.

Lucas 10.16

Aquele que vos dá ouvidos me ouve; aquele que vos rejeita me rejeita. Mas aquele que me rejeita está rejeitando aquele que me enviou.

Gálatas 4.13-16

Vós sabeis que foi em fraqueza segundo a carne que vos preguei o evangelho pela primeira vez. Minhas tribulações, que sofro segundo a carne, não vos levaram a me desprezar ou me tratar com desdém; ao contrário, recebestes a mim como um anjo de Deus, como o próprio Cristo Jesus. Na ocasião, fostes tão felizes! Sou testemunha de que, se fosse possível, vós teríeis arrancado os próprios olhos para dá-los a mim. Tornei-me, portanto, vosso inimigo por vos dizer a verdade?

A carne não suporta disciplina e ensino, por isso odeia os curadores da alma pela sua obra. É por esse motivo que o Espírito admoesta ao amor e à paz em relação a eles.

1Tessalonicenses 5.12-13

Agora vos pedimos, queridos irmãos, que tenhais consideração para com os que trabalham entre vós, que vos lideram no Senhor e que vos aconselham. Tende amor profundo a eles por causa do seu trabalho. Vivei em paz com eles.

2Timóteo 4.1-5

Na presença de Deus e de Cristo Jesus, que julgará os vivos e os mortos com sua manifestação e com seu reino, eu testemunho: prega a palavra, persevera – seja no tempo certo, seja fora de tempo; repreende, corrige, exorta com toda a paciência e doutrina. Pois virá o tempo em que não suportarão a sã doutrina; ao contrário, segundo seus próprios desejos, buscarão para si mesmos mestres que lhes dirão o que agrada aos seus ouvidos. Eles se recusarão a dar ouvidos à verdade e se voltarão para as fábulas. Tu, porém, deves ser sóbrio em tudo, suportar os sofrimentos, fazer a obra de um pregador evangélico, exercer fielmente sua tarefa.

> A obediência do evangelho deve ser mantida com grande seriedade, porque o diabo e a carne orgulhosa não fazem outra coisa senão contrariá-lo. As pessoas sempre querem professores e profetas que não os corrijam, mas que lhes digam o que agrada.

Tito 2.15
É isso que deves ensinar, exortando-os e repreendendo-os com toda a seriedade. Que ninguém te despreze.

Hebreus 13.17
Obedecei aos vossos professores e segui a eles, pois eles velam sobre vossas almas como quem deve prestar contas por isso. Obedecei a eles, para que o façam com alegria, e não com lamentos, pois isso não seria bom para vós.

> Os que perturbam os seus curadores da alma prejudicam principalmente a si mesmos. Pessoas verdadeiramente piedosas reconhecerão que buscam a salvação deles e que a ordem vem de Deus.

Quem contemplar essas passagens de forma temente a Deus logo perceberá com precisão quão necessária é a obediência mais perfeita na igreja de Cristo. Também desejará poder prestá-la de todo o coração, pois essas passagens nos expõem clara e convincentemente que, na igreja de Cristo, a obediência e o apreço da comunidade pelos que a lideram no ensino e na disciplina são de suma importância. Aqui, são requeridas a mais perfeita obediência e a mais elevada consideração.

Para entender que a obediência e a mais elevada consideração dos líderes são de extrema importância, basta, como motivação a todos os cristãos, o fato de que é o próprio Senhor quem a exige tão expressamente. Pois ele não quer que, em meio ao seu povo, viva alguém que não queira obedecer ao sacerdote, como indica a primeira citação. A segunda passagem também mostra que Deus rejeitou seu povo de Israel justamente por esse motivo. Ele o ignora porque desprezou o castigo do sacerdote e se opôs a ele. A terceira citação acrescenta que quem despreza os servos da palavra despreza a si mesmo e ao seu pai.

Essa afirmação clara da vontade e da ordem divinas deve bastar a todos os crentes para que reconheçam a extrema necessidade de se submeter em obediência aos servos de Cristo, que cuidam de suas pastagens e lhes levam a Palavra de Deus. O Senhor não ordena, nem exige nada de nós, a não ser unicamente aquilo que serve e é necessário à nossa salvação. É porque ele exige e ordena tão expressamente a obediência que nós devemos prestá-la aos servos de sua palavra e da disciplina. O Senhor não quer que alguém viva entre seu povo que não dê ouvidos aos seus servos e não queira aceitar nada, a não ser seu próprio desprezo. Sim, se, por causa dessa desobediência, o Senhor condenou seu povo e o ignorou, cada cristão deve reconhecer que essa obediência e essa submissão são coisas necessárias. Sem elas, ninguém do povo de Deus pode viver, nem escapar da ira e do juízo divinos.

E, se o cristão assimilou, em seu coração, que esse mandamento do Senhor está fundamentado na fé, verá, igualmente, como o Senhor nos capacita inigualavelmente com entendimento e boa vontade, além de querer nos usar em relação aos outros membros do seu corpo. Assim, uma coisa leva a outra coisa ainda melhor. Desse modo, as outras pessoas aprenderão a dar crédito, a confiar em seus mestres e a segui-los. Da mesma forma, poderão concluir disso quão grande é a necessidade dessa obediência e desse apreço aos presbíteros e curadores da alma, para que o reino de Deus se estabeleça e cresça verdadeiramente entre nós.

Há muitas pessoas simplórias e ignorantes, que não sabem governar a si mesmas com sua própria razão e conhecimento. Por isso, todos nós devemos admitir que não sabemos avaliar e gerenciar nossas próprias atitudes. Em decorrência disso, tendemos a não querer nem apreciar bem aqueles que o Senhor colocou sobre nós para nos ensinar, advertir, admoestar e disciplinar em seu lugar. E, por não acolhermos logo suas palavras e ensino com temor e tremor, como sendo a palavra e o ensino do Senhor, entre nós jamais haverá bem-aventurança, nem progresso, como podemos constatar e ver diariamente.

Onde não houver esse respeito e essa consideração dos servos, igualmente podemos constatar que não existirá uma verdadeira igreja que almeje bem-aventurança. Nem poderá ser diferente, pois o Senhor quer governar-nos por meio de seus servos, como explicamos na terceira passagem: *quando se dá ouvidos aos servos, ouve-se o Senhor. Quando, porém, são desprezados, despreza-se a ele e ao Pai*. Quando se despreza a Deus e a Cristo, nosso Senhor, resistindo àquele que nos criou e nos adquiriu com seu sangue, o diabo já terá estabelecido sua tirania. Então, a consequência não poderá ser outra além da condenação de seu povo pelo Senhor, como diz a segunda citação e como Paulo profetiza na sexta.

Em qualquer ensino, mas especialmente no ensino da vida, os aprendizes devem estimar seus mestres e confiar muito neles.

Nessa situação, todo conhecimento da verdade abandonará o povo. O fato de não aturarem mais a verdade levará as pessoas a ficarem sobrecarregadas com ensinos falsos e bajuladores, que lhes farão cócegas nos ouvidos. Totalmente esquecidas da lei divina, serão, então, plenamente rejeitadas e destruídas por Deus. Como sucedeu aos judeus e, depois, a tantos povos na Síria, no Egito, na Ásia, na Grécia e em outros países mais. Lá, houve igrejas majestosas, mas hoje o impiedoso terror dos maometanos e de outras seitas impõe a tirania física e a escravidão miserável.

Justamente porque essa obediência é tão necessária e salutar aos cristãos, Paulo a ordena a Timóteo e a Tito tão intensa e seriamente na sexta e na sétima citações e em outros lugares mais. Nessas cartas aos seus discípulos, ele escreve que eles, quanto à obediência, devem ser fiéis e não aceitar desprezo. Devem agir e liderar, consolar e repreender com toda seriedade e energia como líderes de seus subordinados (esse é o significado da seguinte expressão: μετὰ πάσης ἐπιταγῆς [meta pásēs epitagēs]), de tal maneira que contribua para o aperfeiçoamento de cada um. De todas essas passagens, foi possível reconhecer bem a necessidade dessa obediência.

Todas elas nos ensinam que a obediência e a consideração mais perfeitas dos servos de Cristo devem prevalecer onde a fé em Cristo for correta e as comunidades de Cristo forem ordenadas de forma cristã. Todos nós fomos criados pelo Senhor de tal maneira que nos entregamos, obedecemos e seguimos inteiramente e de coração. Além disso, apreciamos mais os mestres, conselheiros e superiores quando nos ensinam, aconselham e ordenam o que é salutar. Isso já ocorre quando um ensino procede da parte de senhores terrenos, nobres e poderosos, ou da parte de amigos fiéis.

Porém, não há nada mais salutar e bem-aventurado que pode ser apresentado ou ordenado a nós do que quando os servos do nosso Senhor Jesus Cristo nos ensinam e instruem.

Pois não há ninguém mais nobre e mais poderoso, que nos deveria ser mais amável, do que o nosso Senhor Jesus. Como poderia haver obediência mais perfeita; dedicação mais intensa; consideração e valorização mais elevadas entre os homens, do que servir a Cristo, o Senhor, por meio de seus servos? Todos os que conhecem bem seu salvador e meditam adequadamente em sua palavra demonstram isso. Quem vos ouve dá ouvidos a mim. Que palavra e que mandamento poderíamos apreciar mais fielmente e acolher melhor de coração do que daquele que quer chamar-nos da morte eterna para a vida eterna?

Naturalmente, onde isso é levado em conta e crido, os servos na cura da alma fisicamente podem ser fracos e sem aparência, seja como forem, mas, mesmo assim, seriam acolhidos como anjos e mensageiros de Deus, o que eles realmente são. Seriam aceitos como o próprio Cristo, como os gálatas fizeram com Paulo. Pois, de fato, é Cristo quem fala e age. E ele também quer ser reconhecido entre seus servos pelos cristãos.

Desse reconhecimento, nascem o amor e o apreço em relação aos servos, a vontade que se inclina a lhes prestar todo serviço e toda honra, como Paulo nos exemplifica em Gálatas. Eles queriam – se fosse possível – arrancar os próprios olhos e ofertá-los ao Senhor. Ainda que a obra e os dons não provenham dos servos, mas do Senhor, nós recebemos a vida eterna por meio dessa palavra e desses dons. Recebemos o que sempre desejamos e buscamos. A apreciação dessas dádivas, por sua vez, nos leva a apreciar e amar os servos que as trazem a nós. Toda ajuda e todas as dádivas provêm unicamente de Deus, por mais que o mundo honre aqueles por meio de quem recebe muitos bens, seja saúde, riqueza, honra e condecorações e o que mais for de valor e apreciado no mundo.

Que o bom Deus conceda que todos nós meditemos bem no exemplo dos gálatas, que a quinta citação nos apresenta!

Que também percebamos que eles, como testemunha o apóstolo Paulo, estavam felizes em poder contar com o cordial carinho de seu curador da alma, Paulo. Mas, então, seu coração voltou-se contra Paulo. Seduzidos, enfeitiçados e revoltados, eles erraram e se entregaram à feitiçaria desgraçada dos falsos apóstolos, em vez de continuar na obediência bem-aventurada a Paulo.

A essa obediência, todas as pessoas tementes a Deus se ativeram, não importando quão elevada fosse sua posição no mundo. Constantino, o imperador tão poderoso, teve de lidar com os bispos que se acusavam indevidamente diante dele. Queriam humilhar uns aos outros com coisas tolas e insignificantes. Então, o imperador tomou suas peças de acusação e queimou-as, admoestando-os à paz e à união. Ele lhes disse: "Deus vos deu poder para julgar-nos. Nós devemos ser julgados por vós, não, porém, vós, por nós". De forma semelhante também sucedeu quando estava programada a eleição do bispo de Milão, na qual Ambrósio foi eleito. Na ocasião, o imperador Valentiniano I disse aos bispos por que havia convocado essa eleição: "Elejam alguém a quem também nós, que governamos o império, podemos submeter nossas cabeças de boa consciência". E, mais tarde, o grande e bem-aventurado imperador Teodósio se submeteu a Ambrósio na penitência, como já explicamos. Dessa maneira, todos os verdadeira e retamente crentes submeteram-se aos servos e à Palavra do Senhor.

Disso, os papistas tiraram uma conclusão errada, a saber, de que a eles e à espada espiritual que detêm devem estar submissos todos os poderes, mas eles mesmos, a ninguém. Pensam poder julgar a todos, mas não ser julgados por ninguém, não importando quão ímpia e vergonhosamente ensinem e vivam. Por isso, porém, não precisamos desconsiderar as palavras bem-aventuradas e os exemplos dos imperadores piedosos, mas contrapor quão piedosamente estes falaram e como nos deram um exemplo cristão. Precisamos dizer aos papistas que eles distorceram com falsidade e impiedade as falas e os exemplos desses príncipes piedosos, pois não foi a opinião do amável Constantino, tampouco dos outros príncipes bem-aventurados, que eles não devessem julgar os bispos ímpios. Nem que, pelo simples fato de eles se chamarem de bispos, toda pessoa deveria curvar-se aos seus pés, submetendo-se à sua arbitrariedade. Pois esses imperadores sempre depuseram de seus bispados os bispos pervertidos, que ensinavam ou viviam impiamente, desterrando-os e punindo-os no corpo e na vida. Isso é testemunhado pela história e pelas leis promulgadas por esses imperadores, das quais ainda dispomos.

O que se conclui é que o piedoso Constantino, Valentiniano I e outros imperadores tementes a Deus entenderam essas falas do poder e da autoridade dos bispos da seguinte forma: que os bispos tivessem uma vida irrepreensível, corrigindo eles próprios suas fraquezas, de modo que ninguém precisasse discipliná-los ou julgá-los. Assim, eles anunciariam a Palavra de Deus e julgariam, por meio dela, todos os crentes e os conduziriam ao aperfeiçoamento. Nesse caso, a espada e todo poder secular deveriam estar sob a espada espiritual e o poder espiritual. Mas, como a mesma espada espiritual é a Palavra de Deus, jamais ela será a arbitrariedade de um pretenso falso bispo. Por isso, os curadores da alma devem administrar e usar retamente essa espada espiritual da palavra de Deus. Pelo fato de todas as coisas terem sido criadas pela Palavra de Deus, todas as pessoas deverão sujeitar-se obedientemente em perfeita submissão à Palavra de Deus que os curadores da alma ensinam e pela qual julgam. E, assim, não são os servos humanos, mas o próprio Cristo, o rei eterno, quem os julga e governa por sua palavra, mediante seus servos.

Por isso, devemos pedir fielmente ao Senhor que ele nos conceda que reflitamos bem sobre isso. Nós o ouvimos, a ele somente, nosso único Salvador, por meio de seus servos. E, ao obedecermos a eles, obedecemos e seguimos para a vida eterna. No entanto, se não obedecermos aos servos, nem seguirmos a eles, mas os desprezarmos, deixaremos de ouvir e seguir a Cristo, o que resultará em nossa condenação eterna.

Assim, seus servos fiéis nos conduzem em seu nome à nossa salvação eterna. Eles trabalham para nós e se preocupam conosco, prestando-nos um serviço para a vida eterna. Por esse serviço bendito e salutar, devemos amá-los, como nos ensina a sétima passagem citada. Ainda que nos venha a parecer que eles tenham sido duros demais conosco, ou que tenham agido por demais severamente, devemos manter a paz com eles, em consideração ao Senhor e à sua tarefa tão salutar de velar por nossas almas. Devemos manter nossa obediência, e não acuá-los com nossa desobediência, não azedando seu serviço e trabalho. Dessa forma, nada nos poderá prejudicar, como mostra e admoesta a oitava citação.

Essa obediência, esse apreço, essa confiança, esse amor e essa honra dos servos devem acontecer sempre no Senhor, não em homens, nem em servos que não ensinam sua palavra e doutrina. Não queremos voltar a promover aqui nenhuma tirania ou orgulho humanos. Expusemos aqui qual preocupação devem ter os presbíteros e curadores de alma da igreja, ou seja, que os servos fiéis de Cristo que trabalham na igreja não devem agir nem buscar o que é deles, nem o que é das outras pessoas ou de qualquer outra criatura, mas apenas o que é de Cristo. Somente a estes as ovelhas de Cristo devem obedecer de todo coração, por serem servos de Cristo, apreciando, amando e servindo a eles no Senhor.

Desses servos, não devemos levantar levianamente suspeitas, maliciar seu ensino e suas atividades no Senhor, nem espalhar contra eles, logo e sem investigação, mentiras e acusações de todo tipo. Mas, como o diabo, em todos os tempos, despertou isso em muita gente, ele impede a obra de nossa salvação. Gera prejuízos terríveis para muitos, seitas perniciosas e a decadência de uma vida totalmente carnal e de péssima fama. Contra esse logro e ataque de satanás, que, sem piedade, destrói todos os frutos do evangelho, gostaríamos de preservar as comunidades piedosas, sem, no entanto, induzi-las a se tornar subservientes aos homens.

Cada um cuide para que ouça dos servos de Cristo, acima de tudo, o seguinte: *Arrependei-vos, porque o reino de Deus está próximo*. Quando uma pessoa precisa arrepender-se, então é porque tem defeitos e falhas. Por isso, cada um deve ter real abertura para ser disciplinado e ensinado. Devemos julgar e pensar segundo a natureza do verdadeiro amor em relação a qualquer pessoa. Da mesma forma, também devemos agir em relação aos nossos líderes espirituais. Devemos confiar que eles querem nosso bem, buscam nossa salvação e oram sempre ao Senhor para que ele nos faça ouvir sua voz, e não a de alguém estranho. Portanto, devemos ouvir e refletir com real empatia no coração, buscando e assimilando somente a Cristo naquilo que nos for dito em nome de Cristo. Então, o Senhor certamente nos preservará de toda falsa doutrina e de todo falso apreço a pessoas. E nos dará a conhecer e guardar sua Palavra, com vistas ao nosso aperfeiçoamento e à vida eterna. Se todos forem ouvidos dessa forma no serviço de cura da alma, as eventuais falhas e atitudes inadequadas não atrapalharão. Por esse caminho, cada cristão pode preservar-se da desobediência tão perniciosa e, ao mesmo tempo, de toda falsa tirania humana, permanecendo sob o jugo de Cristo e de seu reino.

Ao final deste livro, queremos lembrar e advertir sobre a obediência das ovelhas de Cristo. Como nos demais aspectos tratados, também isso é necessário e deve ser refletido em nosso tempo. Para tanto, o Senhor nos conceda corações símplices, que amam verdadeiramente o seu reino, e não a liberdade carnal. Então, poderemos aplicar todos os assuntos fiéis aqui abordados a nós mesmos, bem como ajudar outras pessoas. Acima de tudo, cada um deve invocar o Senhor e, com empenho e perseverança cristã, contribuir conforme sua vocação.

Resumo deste livro

Em primeiro lugar, lembramos que somos verdadeiramente unidos a Cristo, de modo que somos seu corpo e, portanto, membros dele e uns dos outros. Demonstramos aos irmãos na fé e a todas pessoas que vivemos em verdadeira comunhão pela sua palavra e pelos sacramentos, bem como pela disciplina e por todo conselho e ajuda física e espiritual. O primeiro capítulo do livro nos ensina isso.

Dessa maneira, o reino de Cristo está verdadeiramente entre nós, e ele mesmo nos guia e rege para a vida eterna até o fim dos tempos. Isso é demonstrado no segundo capítulo.

Que o Senhor nos quer dar servos verdadeiros e fiéis, os quais atuarão vigorosamente entre nós em prol de nosso novo nascimento e de nosso aperfeiçoamento diário, a fim de que seu reino cresça e se fortaleça. É isso que relata o terceiro capítulo.

A obra de nossa salvação deve ser levada adiante por meio desses servos com toda a propriedade. Para tanto, o Senhor os incumbe e lhes ordena realizar da melhor maneira toda obra de nossa salvação, segundo todas as necessidades e todas as variáveis desse serviço. Assim, a comunidade receberá, por meio deles, todo conselho espiritual e material, de modo que ninguém venha a sofrer necessidade no corpo e na alma. E, para que ambos os serviços, tanto o espiritual como o material, possam ser realizados frutiferamente, o Senhor também proporciona que os servos tenham, entre si, a devida ordem, supervisão e regulamentação. Assim, nenhum detalhe é esquecido, mas tudo é realizado para o bem da igreja e da casa de Deus. Isso está exposto no quarto capítulo.

Também servimos ao Senhor com fidelidade ao elegermos seus servos. Eles devem ser escolhidos em eleição ordinária e instituídos levando em conta todos os detalhes e as diferenças. Devem ser eleitos os que são conhecidos e amados por todos. Eles devem ser hábeis e dedicados ao serviço e à verdadeira cura da alma. É isso que o quinto capítulo relata.

A partir desses pressupostos, as cinco obras de cura da alma poderão ser bem exercidas. Em outras palavras: que se procurem e se encontrem todas as ovelhas perdidas; que se reconduzam as desviadas; que se curem as feridas; que se fortaleçam as enfermas e se protejam e apascentem bem as saudáveis. As diferenças entre as ovelhas de Cristo e do serviço de cura da alma são explicadas no sexto capítulo.

De toda comunidade de Cristo, especialmente seus líderes são os principais curadores da alma. Eles devem empregar toda dedicação e todo empenho às ovelhas de Cristo. Ou seja, os eleitos de Cristo que ainda não o conhecem e ainda não estão no aprisco devem vir às suas ovelhas e à sua comunhão, vivendo em obediência ao evangelho. É isso que ensina o sétimo capítulo.

Assim, os curadores da alma também ajudarão, cada um segundo sua vocação, a reconduzir as ovelhas desviadas, as quais foram seduzidas pela extravagância carnal ou por seitas espirituais, precisando ser reconduzidas à verdadeira e plena comunhão de Cristo. Disso trata o oitavo capítulo.

Os presbíteros também cuidarão das ovelhas feridas – todas as pessoas que ainda continuam na comunidade, mas caíram em graves pecados e feriram outros membros de

Cristo. São resgatados pela advertência que lhes é feita em tempo, pelo salutar arrependimento e pela penitência. Essa impõe flagelos físicos, trata e sara feridas, ou seja, conduz ao arrependimento que provém da fé e à recuperação efetiva. Aí também se aplicam a disciplina e penitência ordenadas pelo Senhor e praticadas pelos apóstolos e pais da igreja, a fim de produzir melhora. Ela também foi reinstituída e praticada por nós, como detalhadamente explicado e defendido de diversos questionamentos, que alguns levantam contra essa disciplina e penitência. Disso trata o nono capítulo.

Da mesma forma, os curadores da alma cuidam também das ovelhas fracas, que continuam na igreja e também caem em pecados graves, mas são ignorantes e despreparadas na fé, no amor, na disciplina e na paciência. Enfim, estão fragilizadas em tudo e precisam ser fortalecidas na verdadeira vida cristã, bem como encorajadas sempre mais para praticar todo o bem. Disso, fizemos um relato no décimo capítulo.

Por fim, as ovelhas saudáveis. São as que continuam na comunidade e também se portam bem e de forma cristã, não caíram em pecado algum, nem vivem desanimadas e displicentemente. Na vida cristã, precisam ser guardadas de todo escândalo e apascentadas para promover todo bem verdadeiramente cristão. Enfim, não lhes pode ser omitido nenhum ensino ou advertência cristã, seja coletiva, seja individualmente. Dessa comunhão das ovelhas, deverão ser excluídas aquelas que querem manchar e perturbá-la com sua vida e seus exemplos imorais. Isso foi exposto no décimo primeiro capítulo.

No décimo segundo e último capítulo, tratamos da verdadeira obediência das ovelhas à cura da alma e aos que a administram. Mostramos quão necessária e quão perfeita deve ser essa disciplina. Também mostramos como é possível evitar que, em vez do jugo de Cristo, seja-nos imposto um jugo estranho, permanecendo tranquilamente na submissão ao Senhor por meio da obediência ao curador da alma.

Esse é o conteúdo e o resumo deste livro, que escrevemos apenas para a honra do Senhor e para o aperfeiçoamento de sua igreja, na qual há tanta destruição miserável do rebanho de Cristo. Recomendamo-lo à avaliação de todos os filhos de Deus, que devem julgá-lo, não por critérios mundanos, mas segundo toda Palavra de Deus. O Senhor conceda que seja muito útil para seu reino. Pois, em verdade, este ordenamento do Senhor e a salutar necessidade da obra da verdadeira cura da alma ainda são pouco reconhecidos. Que o Senhor os torne bem reconhecidos e amados! Amém.

Por M. Bucer, por incumbência de seus cooperadores na Palavra do Senhor, nas igrejas de Estrasburgo.

Este livro foi impresso pela BMF, em 2023, para a HarperCollins Brasil. O papel do miolo é lux cream 70g/m², e o da capa é cartão 250g/m².